新媒体运营与策划

冯丹丹　张　斌　高碧瑶◎著

图书在版编目（CIP）数据

新媒体运营与策划 / 冯丹丹，张斌，高碧瑶著. -- 北京 : 中国书籍出版社, 2024.2
ISBN 978-7-5068-9809-6

Ⅰ. ①新… Ⅱ. ①冯… ②张… ③高… Ⅲ. ①传播媒介－运营管理②传播媒介－策划 Ⅳ. ①G206.2

中国国家版本馆 CIP 数据核字(2024)第 043724 号

新媒体运营与策划

冯丹丹　张　斌　高碧瑶　著

图书策划　邹　浩
责任编辑　吴化强
责任印制　孙马飞　马　芝
封面设计　博建时代
出版发行　中国书籍出版社
地　　址　北京市丰台区三路居路 97 号（邮编：100073）
电　　话　(010) 52257143（总编室）　(010) 52257140（发行部）
电子邮箱　eo@chinabp.com.cn
经　　销　全国新华书店
印　　厂　晟德(天津)印刷有限公司
开　　本　710毫米×1000毫米　1/16
印　　张　12.5
字　　数　210千字
版　　次　2025 年 1 月第 1 版
印　　次　2025 年 1 月第 1 次印刷
书　　号　ISBN 978-7-5068-9809-6
定　　价　78.00元

前言

在数字时代的浪潮中，新媒体已成为信息传播、品牌建设和市场营销不可或缺的工具。从微博到微信，从短视频到直播，新媒体平台的多样化与互动性为企业和个人提供了前所未有的机遇。然而，随着竞争的加剧和用户需求的多样化，如何有效地运营和策划新媒体成为一个迫切需要解答的问题。为此，笔者写作《新媒体运营与策划》一书，旨在帮助读者深入理解新媒体运营的本质，掌握实用的运营策略和策划技巧。

本书内容覆盖了新媒体运营与策划的各个方面，首先探讨新媒体运营基础与策略，内容包括认识新媒体、新媒体运营的基本内涵、新媒体运营的定位思考、新媒体运营的流程与策略；其次针对新媒体内容编辑与文案策划进行论述，内容涵盖编辑新媒体图文、制作 H5 页面与视频、撰写软文、策划及撰写产品文案；然后聚焦微博、微信、短视频、直播的运营与策划研究，剖析运营与策划具体方法与技巧；最后突破传统城市中心视角，探讨数字化转型对农村电商和农产品营销的影响。

本书所求特色在于其理论与实践相结合，结合丰富的案例分析和实战经验，帮助读者将理论知识转化为实际操作能力。同时，本书还注重新媒体运营的创新性和前瞻性，探讨了新媒体运营的最新动态和发展趋势，使读者能够紧跟时代步伐，把握新媒体运营的脉搏。

在写作过程中，笔者获得了许多专家和学者的帮助与指导，在此表示衷心的感谢。由于笔者的能力有限，加之时间紧迫，书中可能存在一些遗漏之处，希望读者们能够提供宝贵的意见和建议，以便日后进一步修订，使其更加完善。

目 录

第一章 新媒体运营基础与策略探讨

第一节　认识新媒体

新媒体，即新兴的媒体形式，主要包括互联网、移动通信、社交媒体、自媒体等多种传播渠道。随着科技的飞速发展和互联网的普及，新媒体逐渐成为获取信息、沟通交流、娱乐休闲的重要平台。

一、新媒体的发展历程

第一，数字化阶段。在这个阶段，计算机技术和网络技术的飞速发展推动传统媒体的数字化转型。在这个过程中，新型媒体形态开始涌现，如数字报纸、数字电视等。这些新型媒体将传统媒体的传播方式从线下转移到线上，为新媒体的进一步发展奠定基础。

第二，互联网阶段。互联网的兴起为新媒体的发展提供广阔的空间。在这个阶段，社交媒体开始崭露头角，如博客、论坛、微博等。这些社交媒体平台赋予用户更多的自主权，使他们可以更加便捷地发布和传播信息。互联网的广泛应用，进一步加速了新媒体的发展。

第三，移动通信阶段。随着移动通信技术的不断进步，智能手机等移动终端设备逐渐普及，移动互联网成为新媒体发展的重要方向。在这个阶段，一批具有代表性的移动应用程序应运而生，如微信、抖音等。这些移动应用程序不仅继承了传统媒体的信息传播功能，还拓展了短视频、直播等全新的媒体形式，使新媒体的发展更加多元化。

二、新媒体的特点

（一）互动性

新媒体平台如社交媒体、博客、论坛等为用户提供了更为便捷的互动渠道。用户可以通过评论、点赞、分享、@他人、私信等方式参与信息的传播过程，与信息生产者进行直接的交流和互动。这种互动性不仅增强了用户对新媒体的参与感和黏性，也使得新媒体成为一个开放、多元、包容的信息交流平台。

互动性的存在也改变信息传播的方式和效果。在传统媒体时代，信息的传播是单向的，受众往往只能被动地接受信息。而在新媒体时代，受众可以通过互动参与到信息的传播过程中，对信息进行再加工、再传播，形成信息的多级传播和扩散。这种传播方式不仅使得信息更加快速、广泛地传播，也使得信息的传递更加准确、生动、有趣。

（二）即时性

在互联网的支持下，新媒体平台可以实现信息的实时更新和传递，使得用户可以随时随地获取最新的信息和资讯。无论是新闻、社交动态还是娱乐内容，新媒体都可以在最短的时间内传递给用户，满足了用户对信息时效性的需求。

即时性的存在也使得新媒体成为舆论场的重要组成部分。在互联网上，热点事件往往能够在短时间内迅速传播开来，引发广泛的关注和讨论。这种即时性的信息传播方式不仅加速了舆论的形成和传播，也使得新媒体成为舆论监督和引导的重要工具。

（三）个性化

在新媒体时代，用户可以根据自己的兴趣爱好和需求，选择关注特定的信息源和内容类型。同时，新媒体平台也可以通过对用户的浏览记录、点赞、评论等数据进行分析，为用户推荐更加符合其兴趣和需求的内容。这种个性化的信息推送方式不仅提高了用户的信息获取效率，也使得新媒体成为一个更加个性化、定制化的信息服务平台。

个性化的存在也使得新媒体在营销和推广方面具有重要的价值。通过对用户数据的分析和挖掘，新媒体平台可以为广告主提供更加精准的目标用户画像和投放策略，提高广告的转化率和效果。同时，个性化也促进了新媒体内容的创新和多样化，满足用户对于多元化、个性化的信息需求。

（四）多媒体

相较于传统媒体单一的信息呈现方式，新媒体可以融合文字、图片、音频、视频等多种媒体形式，提供更加丰富的信息呈现方式。这种多媒体的信息呈现方式不仅使得信息更加生动、形象、有趣，也使得用户可以通过多种感官参与到信息的接收和理解过程中。

多媒体性的存在也促进了新媒体内容的创新和多样化。在多媒体的支持下，新媒体平台可以推出更加具有创意和吸引力的内容形式，如短视频、直播、VR/AR等，为用户带来更加丰富的视觉和听觉体验。同时，多媒体也促进了新媒体与其他产业的跨界融合和创新发展，如电商直播、在线教育等，为用户提供了更加便捷和多元化的服务。

三、新媒体的作用

第一，传播方式呈现双向化。在传统媒体时代，信息的传播呈现出单向性，即传播者主动发布，用户被动接受。然而，在新媒体时代，这种情况发生了根本性的改变。用户不仅作为信息的接收者，同时也能成为信息的传播者。这种双向的传播方式使得信息互动传播更加自由，从而极大地提升了信息传播的速度。

第二，接收方式趋于移动化。随着移动互联网的飞速发展，新媒体逐渐向移动端转移。手机媒体成为接收信息的主要渠道，信息接收不再受场地和距离的限制，具有明显的移动化特征。这种变化使得能够在任何时间、任何地点获取所需信息，极大地提高了信息获取的便利性。

第三，传播行为呈现出个性化特点。在新媒体环境下，用户可以自由地发布信息和观点，同时也可以评论或转载他人发布的信息。这种传播行为与用户的个人喜好密切相关，呈现出明显的个性化特征。这不仅丰富了信息传播的途径，也使得用户能够更加精准地获取自己感兴趣的内容。

第四，传播速度实现实时化。在数字技术和网络技术的支持下，新媒体信息的传播速度得到了前所未有的提升。只要新媒体运营人员发布了信息，用户就可以实时接收到。许多新媒体平台还配备了“推送”功能，信息发布后能立即通知用户，使用户能够实时查看、了解和参与。

第五，运营内容呈现出丰富化趋势。新媒体运营内容涵盖了文字、图片、音频、视频等多种形式。这些内容可以单独存在，也可以相互组合，使得运营内容更加丰富多元。这种多样化的内容形式满足了不同用户的需求，提高了用户在新媒体平台的参与度和活跃度。

四、新媒体的表现形式

一切依托于数字技术和网络技术的媒体表现形式都可以看作新媒体，其中门户网站、搜索引擎、自媒体、知识问答平台、视频和直播平台、社群等是目前新媒体的主要表现形式，熟悉这些表现形式可以加深运营人员对新媒体的了解。

（一）门户网站

门户网站是进入互联网的入口，是新媒体被广泛认知的开始。早期的门户网站功能有限，大多只能提供搜索和网站目录索引服务，随着互联网技术的不断发展，信息发布、在线调查、话题专栏和在线留言等功能开始出现。发展至今，门户网站已经成了具有丰富功能的综合性网站，企业可以通过门户网站进行产品宣传、品牌建设等运营活动，达到降低企业管理成本、开拓市场等目的。

根据信息获取方式的不同，门户网站可分为综合性门户网站和垂直性门户网站；根据网站内容和定位进行分类，还可分为综合性门户网站，导航式门户网站、地方生活门户网站、垂点行业；综合性门户网站和公司组织门户网站。

（二）搜索引擎

搜索引擎是一种能够根据用户输入的关键词，从互联网上搜集和整理相关信息的软件。在信息爆炸的时代，强大的工具可以帮助我们快速、准确地找到所需的信息。这时，搜索引擎应运而生，它成为探索知识的得力助手。它的核心程序会自动爬取网页上的文本信息，并将这些信息进行索引和排序。当用户输入关键词时，搜索引擎会根据关键词的相关性，从索引库中筛选出最匹配的网页结果返回给用户。

根据搜索引擎的工作原理和特点，可以将搜索引擎分为以下几种类型：①全文搜索引擎。它们能够对网页的全文进行索引，返回与关键词相关的所有信息。②目录式搜索引擎。这类搜索引擎将互联网上的网页按照主题和分类进行整理，用户可以通过目录浏览和查找信息。③元搜索引擎。它们可以同时调用多个搜索引擎进行搜索，并将结果进行整合返回给用户。④垂直搜索引擎。针对特定领域或行业进行深入挖掘，提供更加专业的搜索服务。

搜索引擎通过蜘蛛程序在互联网上抓取海量网页信息，并建立索引数据库。用户通过关键词进行搜索时，搜索引擎将与该关键词匹配的结果信息呈现给用户。搜索引擎呈现的这些结果信息也来自用户的编辑，新媒体运营人员可以将需要运营的内容发布到网上，通过关键词排名或竞价搜索的方式将信息展现给用户。通过搜索引擎进行运营的原理是，在用户搜索结果页面中植入运营信息，吸引用户点击并产生最终转化。

未来，随着技术的不断创新和发展，搜索引擎将会提供更加便捷、智能的服务，助力更好地探索知识、获取信息。

（三）自媒体

自媒体，即自我媒体，是指个人或团队利用自己的平台和内容创作能力，通过互联网进行信息传播和影响力塑造的一种新型媒体形式。每个人都可以通过各种新媒体渠道发布自己的所见所闻，成为自媒体。自媒体的常见渠道有微博、微信、博客、贴吧和论坛等，企业或个人可以通过这些渠道进行产品或品牌的运营推广。

随着互联网的迅速发展，自媒体逐渐成为信息传播、观点表达、舆论引导的重要力量。

1. 自媒体的特点

（1）去中心化。与传统媒体不同，自媒体不需要依赖中心化的组织或机构，每个人都可以成为一个独立的传播节点，拥有自己的话语权和影响力。

（2）个性化。自媒体时代，内容创作者可以根据自己的兴趣、特长和价值观进行创作，满足不同受众的需求，实现精准传播。

（3）互动性强。自媒体平台为用户提供了一个实时互动的交流空间，使得信息传播者与接收者之间的距离得以缩短，提高了信息的传播效果。

（4）传播速度快。互联网的高效传播特性使得自媒体可以在短时间内将信息传递给大量用户，实现全球范围内的实时传播。

（5）成本低。相较于传统媒体，自媒体的运营成本较低，一人一机即可创作和传播，使得更多的人能够参与到信息生产与传播的过程中。

2. 自媒体行业未来发展

（1）规范发展。政府部门将加强自媒体监管，促进行业健康发展。

（2）内容为王。优质内容将继续受到重视，自媒体创作者需不断提升自身创作能力。

（3）技术创新。5G、大数据、人工智能等新技术将助力自媒体行业实现更高效的传播和更精准的营销。

（4）跨界融合。自媒体将与其他产业进行深度融合，拓展新的商业模式和盈利渠道。

总之，自媒体作为新兴媒体形式，在我国社会发展中发挥着日益重要的作用。面对机遇和挑战，自媒体行业需不断创新、提升品质，以更好地服务于社会和广大用户。

（四）知识问答平台

随着新媒体的发展，用户对知识的真实性和专业性要求越来越高，这也催生了一大批基于专业知识的知识问答平台。知识问答平台是一种基于互联网的互动式服务平台，旨在为广大用户提供一个便捷、高效、准确的知识获取和分享渠道。通过这个平台，用户可以提出各种问题，并获得来自其他用户或专家的专业回答。同时，用户也可以分享自己的知识和经验，为他人提供帮助。

在知识问答平台中，用户可以自由地发布问题和答案，不受地域、时间和语言的限制。平台会根据用户的需求和兴趣，推荐相关的问题和答案，让用户能够快速找到所需的信息。此外，平台还提供了丰富的功能和工具，如搜索、筛选、收藏、评价等，方便用户对问题和答案进行管理和使用。

知识问答平台的优势在于其开放性和互动性。用户可以自由地发表自己的观点和看法，与其他用户进行交流和讨论。这种互动不仅可以激发用户的创造力和想象力，还可以促进不同领域之间的交流和合作。同时，平台还可以汇聚大量的专业知识和经验，为用户提供更加全面、准确的信息。

在知识问答平台中，用户可以获得各种类型的知识和信息，如学术研究、技术应用、生活常识、娱乐休闲等。这些知识和信息不仅可以帮助用户解决实际问题，还可以拓宽用户的视野和思维方式。同时，平台还可以为企业和机构提供宣传和推广的机会，提高品牌知名度和影响力。

总之，知识问答平台是一个集知识获取、分享和交流于一体的综合性服务平台。它不仅可以为用户提供便捷、高效、准确的知识获取和分享渠道，还可以促进不同领域之间的交流和合作，推动社会进步和发展。

（五）视频

视频作为一种新兴媒体形式，以其直观形象和强大感染力受到了大众的热烈欢迎。在这种媒体形式中，可以看到各种内容的视频，包括但不限于教育、娱乐、新闻报道等多个领域。视频的前、中、后贴片广告也成为新媒体运营的重要盈利模式，为视频网站带来了新的收入来源。

随着移动互联网的快速发展，短视频这种时长较短、制作和分享更为便捷的视频形式应运而生。短视频的操作流程简单，用户可以随拍随传，即拍即处理，即时通过社交软件分享。这些特点使得短视频在短时间内迅速崛起，成为新媒体领域的一大亮点。

在我国，短视频平台如雨后春笋般涌现，如抖音、快手等，这些平台不仅为广大用户提供了展示自我、发挥创意的舞台，同时也为广告主提供了丰富多样的营销手段。短视频平台通过智能推荐算法，将精选内容推送给对应的受众，实现了广告的精准投放，为品牌主带来了更高的营销效果。

此外，短视频平台还积极投身公益事业，传播正能量，助力精准扶贫、教育普及等社会公益项目。例如，抖音推出的“扶贫达人计划”，通过短视频的形式，让贫困地区的特色农产品走出大山，助力农民增收；快手则推出“乡村教育计划”，为农村地区的小朋友提供更多学习机会，助力教育公平。

总之，视频媒体作为一种具有广泛影响力的传播工具，既为商业运营提供了新的盈利点，也承担着传播正能量、服务社会的重要责任。在未来的发展过程中，视频媒体应继续发挥其优势，为用户提供更优质、多样化的内容，同时关注社会责任，积极投身公益事业，为社会和谐发展贡献力量。

（六）社群

随着各种社交媒体的快速发展，稳定的群体结构和较一致的群体意识使社群运营成了新媒体运营的新潮流。社群作为一种新型的社交组织形式，正在逐渐崭露头角，成为新媒体运营的新趋势。社群的稳定性和一致性使其成为连接、分享信息和经验的理想平台。社群运营主要是依靠专业、优质的内容输出形成社群圈层，并建立起中心化的信任关系，依靠信任建立彼此之间的互动的一种运营方式。自媒体或其他媒体都可朝着社群发展，以获得持续的内容生产和变现能力。

社群是由一群志同道合的人所组成，他们可能对某种爱好、事物或行为有共同的认知和追求。这些成员之间建立起紧密的互动关系，形成了独特的社群文化和行为规范。在这样的环境中，社群运营显得尤为重要。通过输出专业、优质的内容，社群运营者能够吸引并留住目标受众，形成稳定的社群圈层。

为了实现有效的社群运营，建立中心化的信任关系至关重要。这意味着运营者需要赢得成员的信任，成为他们信赖的信息来源和交流平台。通过提供有价值的内容、倾听成员的需求和反馈，以及积极参与社群互动，运营者可以逐渐建立起这种信任关系。一旦信任关系建立起来，成员之间的互动将更加频繁和深入，从而增强社群的凝聚力和活跃度。

自媒体通过与目标受众建立紧密的联系，可以更好地了解他们的需求和兴趣，从而创作出更加符合受众口味的内容。同时，社群可以为自媒体提供宝贵的用户反馈和数据支持，帮助他们不断优化内容策略和运营方式。

总之，社群运营已经成为新媒体领域不可忽视的一部分。通过建立稳定的群体结构和较一致的群体意识，运营者可以打造出充满活力和凝聚力的社群，为自媒体或其他媒体机构带来持续的内容生产和变现能力。在未来，随着社交媒体的不断创新和发展，有理由相信社群将在新媒体领域发挥更加重要的作用。

第二节　新媒体运营的基本内涵

新媒体运营作为当今数字时代中不可或缺的一环，其基本内涵涵盖了多个方面，旨在有效推动品牌、企业或个人在互联网平台上的展示、传播和影响力提升。在这一领域，成功的新媒体运营需要综合考虑多种因素，并灵活运用各种策略，以确保在激烈的数字竞争中脱颖而出。

第一，新媒体运营的核心内涵之一是内容创新与生产。在数字时代，内容是新媒体传播的驱动力。运营者需要不断追求创新，生产具有吸引力、引导性和分享性的内容，以吸引目标受众的关注。这包括文字、图片、视频等多种形式的内容，要求运营者具备敏锐的观察力，抓住时事热点，创造有趣而有深度的信息，提升受众互动和参与度。

第二，新媒体运营的内涵还包括社交媒体管理。社交媒体成为日常生活的一部分，也是品牌与受众互动的关键平台。运营者需要有效地管理品牌在各大社交媒体平台上的形象，建立并维护积极的品牌声誉。这需要对各社交媒体平台的规则和特性有深入的了解，制定相应的沟通策略，及时回应用户反馈，保持与受众的良好互动。

第三，数据分析与运用是新媒体运营不可或缺的一环。通过对用户数据的深度分析，运营者可以了解受众的兴趣、行为和需求，为后续运营策略提供有力支持。数据分析不仅有助于优化内容创作，还能指导广告投放、提升用户体验，以及制定更为精准的目标受众定位。在新媒体运营中，数据是宝贵的资产，善于挖掘和利用数据将成为成功的关键。

第四，新媒体运营还包括技术与工具的灵活运用。运营者需要熟练掌握各类新媒体平台的操作技能，了解相关的数字营销工具和软件，以提高运营效率。同时，随着科技的不断发展，运营者还需关注新技术的应用，如人工智能、虚拟现实等，以保持在激烈竞争中的创新优势。

总体而言，新媒体运营的基本内涵是一个多层次、多元化的体系，需要运营者具备全面的素养和技能。只有在内容创新、社交媒体管理、数据分析与运用以及技术与工具的灵活运用等方面都有深入把握，运营者才能在竞争激烈的数字时代中取得成功。因此，深入理解和灵活运用这些核心内涵，将对新媒体运营的可持续发展起到积极而关键的作用。

第三节　新媒体运营的定位思考

一、新媒体运营的用户定位

用户定位是指产品将确定为哪些用户提供服务，产品给什么样的人提供了什么样的服务。企业在营销的过程中，只有了解自己的目标用户，才能根据这些用户的需求及痛点提供针对性的服务，从而达到最好的营销效果。

（一）用户定位的维度

第一，需求维度。明确的产品能为哪些用户带来价值。用户的需求通常可以分为两类：解决问题和追求满足感。因此，深入了解目标用户的痛苦点以及他们的期望，从而确定的产品能够为他们提供何种帮助。

第二，用户维度、进一步细化目标用户群体。通过回顾总结法，可以整理出曾经成交过的用户的属性，并挑选出具有代表性的范例用户进行深入分析。这样，可以更准确地了解目标用户的特征和行为习惯，从而制定出更加精准的营销策略。

第三，市场细分维度。锁定最有潜力的目标用户群体。市场细分的目的是聚焦于最容易产生效益的那一群用户身上，同时规避竞争，确保出击得更加准确。因此，充分地了解市场，并根据不同的需求和特征划分子市场。最终，可以确定一群既有强烈需求又认同卖点的理想用户群体，并为他们提供个性化的产品和服务。

（二）用户画像

用户画像，又叫用户角色，是指建立在一系列属性数据之上的目标用户模型，一般是产品设计、运营人员从用户群体中抽象出来的典型用户，本质是一个用以描述用户需求的工具。对于新媒体运营来说，构建用户画像是必不可少的，也是新媒体运营过程中非常重要的一环。

1. 用户画像价值

（1）指导产品研发以及优化用户体验。以用户需求为导向，企业通过获取到的大量目标用户数据，通过分析、处理、组合，初步搭建用户画像，作出用户喜好、功能需求统计，从而设计制造更加符合用户需要的新产品，为用户提供更加良好的体验和服务。正确使用用户画像，找准自己的立足点和发力方向，真切地从用户角度出发，剖析核心诉求。

（2）实现精准化营销。精准化营销具有极强的针对性，是企业和用户之间点对点的交互。它不但可以让营销变得更加高效，也能为企业节约成本。以数据为基础，建立用户画像，利用标签让系统进行智能分组，获得不同类型的目标用户群，定位每个独立个体的用户特征，根据用户的特征分析给用户提供相应的内容。这种方式不仅最大程度地提高转化率，同时用户体验也能得到非常大的提高。

2. 用户画像构建内容

（1）基础数据采集。数据是构建用户画像的核心依据，一切不建立在客观数据基础上的用户画像都是不真实的。基础数据采集中可以通过列举法，列举出构建用户画像所需要的基础数据。

运营者可以把宏观层面的数据和微观层面的数据结合起来。宏观层面的数据主要包括行业数据（收集用户群体的社交行为、用户群体的网络喜好、用户群体的行为洞察、用户群体的生活形态调研）、用户总体数据（用户总量、用户活跃情况、用户转化数据）、总体浏览数据、总体内容数据（社区产品的用户发帖量、不同级别用户发帖数据）等，新媒体运营者可以通过行业分析报告在基础数据采集方面、产品前台数据和后台数据、第三方大数据分析等渠道进行数据采集。

微观层面的数据主要包括用户属性数据（用户终端设备、网络及运营商，用户的年龄、性别、职业、地域、兴趣爱好等）、用户行为数据（用户访问频率、用户访问时段、用户登录次数、用户平均停留时间、用户的留存数据）、用户成长数据（新老用户数据、用户的生命周期、用户的等级成长）、用户参与度数据（用户新手任务完成情况、用户活动参与情况）、用户点击数据等，新媒体运营者可以通过产品前台数据和后台数据、第三方数据分析、公司调研报告、用户访谈记录等渠道进行数据采集。

（2）行为分析。当对用户画像所需要的资料和基础数据收集完毕后，需要对这些资料及数据进行分析和加工，提炼关键要素，构建可视化模型，为用户打上专属标签，后续可根据标签对用户进行细分。不同的用户群有不同的目标、行为和观点，细分用户群可将问题变得清晰，同时也可作为用户画像优先级划分的依据。

（3）丰富用户画像。用户的行为信息是不断变化的，动态数据是丰富用户画像的重要环节，将采集到的大量枯燥且凌乱的数据进行分析并赋予更多的元素，这是用户的隐形画像。运营者需能描述出目标对象的显性画像和隐形画像，全方位地塑造目标用户群体的画像，这非常考验团队的敏锐度和细腻度。用户的隐性画像是指市场调研者对用户内在深层特征的描述，主要包括以下方面：

第一，用户的消费目的。用户的消费目的主要是用户想要通过产品的某种性能来解决自身的问题，一般消费目的的大小决定了用户愿意投入多少的时间成本和精力，因此完成用户画像后一定要先明确目标用户的消费目的。

第二，用户的消费偏好。用户的消费偏好主要反映消费者对不同产品和服务的喜好程度的个性化偏好，包括用户对产品品牌、产品功能、购买数量、购买方式等方面的取舍。不同的目标群体对于自身的消费偏好是不一样的，用户会根据自身的喜好对产品进行组合排序，因此运营者要让产品满足目标用户群体的消费偏好。

第三，用户的核心需求。企业产品的设计与推广都要以用户需求驱动为核心，因此运营者在调查目标用户群体时，就需要深入挖掘用户内心最核心的需求，一旦抓准了核心需求，无论用户的需求曲线如何变化，都不会脱离运营者的掌控。

第四，使用产品的场景化。场景化其实就是从用户的实际使用角度出发，将各种场景元素综合在一起，运营者根据目标用户群不同的特征来进行相应的设计，站在用户的角度，设身处地地去思考用户的需求、感受，才能既满足用户需求，又能带来极佳的用户体验，同时也能满足商业需求。

第五，使用产品的频率。使用产品的频率高低是衡量产品价值高低的一个重要指标。企业的产品或者平台中推送的文章，它对目标用户一定要有价值，并且目标用户群体使用或者查看的频率要高，一旦使用的频率非常低，用户很难对产品形成印象。因此，运营者要根据用户的画像寻找用户的痛点，塑造高频次的使用场景。

（4）用户画像呈现。画像呈现即从显性画像、隐性画像、场景和要求等方面，给用户打标签，将收集到的信息进行整理分析及归类，创建出用户角色框架，根据用户标签的不同选择侧重点，确定主要用户、次要用户及潜在用户。构建用户画像最核心的目的是给用户打上一个标签，从而实现数据的分类，使产品的服务对象更加聚焦，更加专注。用户画像通过大数据处理方式，为运营者提供更为精准的数据结果，给特定群体提供专门性的服务，让运营者在投放广告、投放平台内容的时候，能够准确抓住用户的心理，将他们想要的信息投放出去，实现新媒体营销的需求。

二、新媒体运营的内容定位

新媒体运营的内容定位是指在新媒体平台上，根据目标受众的需求、兴趣和行为特征，以及品牌自身的特点和市场定位，制定出一套具有针对性和吸引力的内容策略。

第一，明确目标受众。了解并分析你的目标受众，包括他们的年龄、性别、职业、兴趣爱好等方面的特征。这有助于你更好地理解他们的需求和偏好，从而制定出更加符合他们口味的内容。

第二，突出品牌特点。在内容定位中，要充分展现品牌的独特性和优势。这可以通过强调品牌的产品特点、服务质量、企业文化等方面来实现。同时，也可以结合行业趋势和热点话题，展示品牌的专业性和领导力。

第三，多样化内容形式。新媒体平台提供了多种内容形式，如文字、图片、视频、音频等。为了吸引和留住受众，你需要运用多种内容形式，打造丰富多样的内容体验。例如，可以通过短视频展示产品使用方法，通过直播进行品牌推广活动，通过图文并茂的文章分享行业知识等。

第四，保持内容更新。定期更新内容是保持受众关注的关键。你可以设定一个合理的发布频率，如每周或每月发布一定数量的内容。同时，也要关注行业动态和受众反馈，及时调整内容策略，确保内容始终与受众需求保持同步。

第五，强化互动交流。与受众建立良好的互动关系有助于提高内容的传播效果和品牌忠诚度。你可以通过评论、点赞、转发等方式与受众进行互动，回答他们的问题，收集他们的意见和建议。同时，也可以举办线上活动或发起话题讨论，鼓励受众积极参与。

总之，新媒体运营的内容定位需要综合考虑目标受众、品牌特点、内容形式和互动交流等多个方面，制定出一套符合实际情况的内容策略。

三、新媒体运营的品牌定位

品牌定位是指在目标消费者心中确立品牌的独特地位，使其在众多竞争对手中脱颖而出。

第一，明确品牌核心价值。新媒体运营需要清晰传达品牌的核心价值，这是品牌定位的基石。核心价值可以是产品的独特性能、优质的客户服务、创新的设计理念等。

第二，了解目标市场。深入研究目标市场和消费者的需求，是进行有效品牌定位的前提。通过市场调研，可以收集到关于消费者偏好、购买行为、媒体使用习惯等宝贵信息，为品牌定位提供依据。

第三，竞争分析。分析竞争对手的品牌定位策略，了解他们的优势和劣势，有助于确定自己品牌的差异化定位。通过竞争分析，可以发现市场空缺和潜在机会，为品牌定位提供方向。

第四，制定品牌策略。根据品牌核心价值、目标市场和竞争分析的结果，制定相应的品牌策略。这包括品牌名称、标志、口号、传播策略等。

四、新媒体品牌个性定位

品牌个性定位是指在目标消费者心中塑造品牌的独特性格和风格，使品牌具有人格化特征。

第一，确定品牌个性特质。根据品牌核心价值和目标市场的特点，确定品牌的个性特质。这些特质可以是年轻、时尚、创新、可靠等。品牌个性特质应该与品牌形象和目标用户群体的需求相契合。

第二，传递品牌个性。通过各种媒体渠道和传播手段，将品牌个性特质传递给目标用户群体。这可以包括广告、社交媒体内容、公关活动等。传递品牌个性的过程中，需要保持一致性和连续性，以确保用户对品牌的认知和记忆。

第三，与用户建立情感联系。通过品牌故事、用户体验等方式，与目标用户群体建立情感联系。情感联系可以增强用户对品牌的认同感和忠诚度，促进品牌传播和口碑传播。

第四，持续优化和调整。随着市场环境和用户需求的变化，需要不断优化和调整品牌个性定位。通过定期评估品牌表现和用户反馈，可以发现潜在问题和改进机会，进一步提升品牌形象和用户满意度。

总之，新媒体运营的定位思考是一个综合性的过程，需要结合品牌核心价值、目标市场和用户需求等多方面因素进行考虑。通过明确品牌定位、用户定位和品牌个性定位，可以制定出更加有效的运营策略，实现品牌的长期发展和用户的持续增长。

第四节　新媒体运营的流程与策略

一、新媒体运营的流程

（一）前期准备

一般而言，公司开展新媒体运营活动是为了推广公司品牌、产品或服务，新媒体运营人员在前期需要分析新媒体和公司现有业务的切入点，做好通过新媒体运营来满足用户需求的规划。具体步骤如下：

第一，用户调研。用户调研是了解目标用户群体特征和需求的基础工作。通过线下调研、访谈或大数据分析等手段，可以收集到目标用户的年龄、地域、性别、兴趣等信息。这些信息将帮助构建公司产品或服务的目标用户画像，为后续的产品设计和营销策略提供依据。在用户调研过程中，关注用户的实际需求和使用场景，以便更好地满足他们的期望。

第二，产品分析。产品分析是评估公司产品或服务在满足用户需求方面的表现，以及发现潜在改进空间的关键环节。通过对产品功能、用户体验、操作便利性等方面的分析，可以了解到产品在解决用户需求方面的优势和不足。结合用户调研的结果，可以有针对性地对产品或服务进行优化，提升用户满意度。

第三，竞品分析。竞品分析有助于了解市场格局，找到公司在竞争中的优势和劣势。需要收集并分析竞品的营销模式、产品特点、存在的问题等，以便对比并归纳出公司产品或服务相对于竞品的优劣势。通过深入研究用户痛点和产品卖点，可以采取合适的手段与用户建立联系，进一步提高市场占有率。

总之，用户调研、产品分析和竞品分析是相辅相成的三个环节。它们帮助更好地了解目标用户，优化产品和服务，以及在竞争中脱颖而出。只有做好这三项工作，才能在激烈的市场竞争中立于不败之地。

（二）设定目标

企业设定目标，需充分把握新媒体的环境特点和优势，确保运营目标与企业整体战略方向的一致性。企业需深入分析产品或服务的核心卖点，明确市场定位。在此基础上，根据产品特性和目标受众，设定具体的运营目标。这些目标可以包括品牌知名度提升、用户基数增长、用户活跃度提升、转化率提高等。总之，企业应充分利用新媒体的特性，制定切实可行的运营目标。制定运营目标框架如下。

第一，年度目标。企业应制定全年的运营目标，包括预期的用户增长数量、销售额、市场占有率等。年度目标是企业在未来一年内的行动指南，有助于确保整体运营方向的正确性。

第二，季度目标。将年度目标分解为季度目标，确保每个季度都有明确的重点和方向。季度目标有助于企业更好地把握运营过程中的节奏和变化，及时调整策略。

第三，月度目标。进一步细化季度目标，制定月度计划，包括关键活动、推广策略等。月度目标有助于企业将运营目标具体化，为团队提供明确的工作依据。

第四，每周计划。将月度目标拆分为周计划，确保每周的工作都能稳步推进。每周计划有助于企业保持对运营目标的持续关注，确保项目进度和效果。

在新媒体运营目标设定的过程中，企业需遵循由宏观到微观的制定原则，确保各级目标的一致性和可实现性。同时，企业还应关注市场动态和竞争对手的运营策略，不断调整和优化自身的运营目标。只有这样，企业才能在新媒体环境中立足，实现商业目的。在未来，新媒体运营目标设定将继续为企业指明方向，助力企业发挥新媒体的优势，提升品牌知名度和市场份额。让共同期待新媒体运营目标设定在企业商业成功道路上的重要作用。

（三）内容生产

内容生产是新媒体运营的核心工作内容。

第一，内容选题。内容选题是指图片、图文、视频等所要表达的观点或情绪，做好内容选题是为了使运营内容能够更好地吸引用户。有些话题如孩子的教育是用户长期关心的，可长期推送，有些选题可反映当下的舆论热点，有些选题可通过在目标用户群体聚集的各类平台进行数据监测来筛选。所有选题都需要与公司的运营节奏相匹配。

第二，内容呈现。不同的选题、不同的用户群体需要不同的内容创作形式来呈现，根据选题内容挑选最合适的呈现方式，运营人员需要熟悉各种内容创作形式如文字、图片、H5、视频等的呈现方式，并熟练掌握和使用内容创作工具，如在线排版工具、H5 编辑器、图片编辑工具等。

第三，内容投放。根据目标用户画像选择合适的渠道或平台进行推广，需要了解所在渠道或平台的推广特性，掌握推广账号的后台管理机制。

（四）数据运营

数据监控应当贯穿于新媒体运营的整个工作流程，不断对运营过程进行优化。

第一，内容生产优化。在新媒体运营中，内容始终是吸引和留住用户的核心。然而，内容的生产并非盲目进行，而是需要建立在深入的数据分析之上。通过各平台提供的用户数据，如目标用户对选题的打开率、完播率、阅读时间等，运营者可以了解到用户对不同类型内容的偏好和需求。这些数据为内容生产提供了宝贵的参考，使得运营者能够更精准地进行内容创作，调整内容风格和主题，以满足用户的喜好。同时，通过对用户行为数据的分析，运营者还可以优化内容的推送时间，选择在用户活跃度较高的时段发布内容，从而提高内容的曝光率和点击率。

第二，渠道选择优化。在新媒体运营中，渠道的选择同样至关重要。不同的平台有着不同的用户群体和特性，因此，选择适合目标用户的渠道至关重要。通过对各平台提供的用户数据进行分析，运营者可以监测不同选题对不同平台用户群体的影响力，了解不同平台用户对不同类型内容的接受程度和反馈。这些数据为渠道选择提供了依据，使得运营者能够更精准地进行渠道选择和投放方案的优化。例如，对于年轻人群体，可以选择在社交媒体平台上进行推广；而对于专业用户，则可以选择在行业论坛或专业网站上进行投放。

二、新媒体运营的策略

（一）精准定位，明确受众需求

新媒体运营策略要从“我能提供什么”转为“受众需要什么”，通过精准定位方式明确受众需求开展新媒体运营工作。精准定位必须要了解每个平台用户特征和实际需求，在提供内容方面做好侧重点设计，从而更好地满足受众的需求。

明确受众需求有两种思路。一种是分析平台受众需求。分析平台受众需求主要是对平台定位和用户浏览、兴趣分析，如 B 站平台受众喜欢二次元、喜欢动漫，其需求是以动漫视频为主，因此新媒体运营中对 B 站提供内容是以动漫为主，如以动漫形式新闻讲解、动漫形式时事热点推送等，满足受众需要；快手平台受众偏向电视剧解说类短视频，因此新媒体运营时，新闻类作品需要转化为类似电视剧方式，一集一集播放，从而实现有效推送目标；抖音受众需求以视频创新为主，因此推送新闻时注重高质量传播，确保用一个视频完成所有内容讲解而非分集讲解；另一种是结合平台需求，分析自身可以提供哪些内容，实现精准定位。提供哪些内容可以理解为细分市场，包括美妆、宠物、剧情、科技、美食、母婴、新闻类等。细分市场一旦确定，新媒体运营账户应不再更改，且账户名称、账户内容都要保持一致。

总之，精准定位必须要考虑新媒体运营行业，进入全媒体平台时需要考虑到自己可以提供哪些内容，同时运营过程中根据各个平台进行有效调整，确保自身定位符合平台需求，扩大影响力。

（二）树立灵活运营思维

新媒体的火爆，需要新媒体运营人员拥有能够适应不断变化的运营环境的思维，才能更好地打开新的运营通道和市场。

1. 用户思维

用户思维是新媒体运营的核心思维，用户需求永远是运营工作的向导，这种思维强调以用户为中心，将用户的需求、期望和体验置于运营决策的首位。只有真正站在用户的角度去思考问题，才能确保新媒体运营策略的有效性和可持续性。

（1）提供有价值的内容：满足用户需求与兴趣。在了解用户的基础上，新媒体运营者需要为用户提供有价值的内容。有价值的内容不仅要有深度、有观点、有态度，还要与用户的兴趣和需求紧密相关。只有这样，才能吸引用户的注意力，提升用户的黏性和忠诚度。为了实现这一目标，新媒体运营者需要密切关注市场动态和用户需求变化，不断调整和优化内容策略。同时，还需要注重内容的多样性和创新性，以满足不同用户的个性化需求。

（2）优化用户体验：提升平台易用性与满意度。用户体验是新媒体运营中不可忽视的一环。一个优秀的平台不仅要有丰富的内容资源，还需要具备良好的用户体验。这包括平台的操作流程、界面设计、交互方式等多个方面。为了优化用户体验，新媒体运营者需要关注用户在平台上的行为和反馈，及时发现和解决用户在使用过程中遇到的问题。同时，还需要定期进行用户满意度调查，了解用户对平台的评价和建议，从而不断改进和优化平台的设计和功能。

总之，用户思维是新媒体运营的核心导向。只有真正站在用户的角度去思考问题，深入了解用户需求和期望，提供有价值的内容和优化用户体验，才能确保新媒体运营策略的有效性和可持续性。在未来的新媒体运营中，需要不断强化用户思维，以用户为中心，推动新媒体事业的蓬勃发展。

2. 品质思维

品质思维在新媒体运营中的重要性不言而喻。在这个信息爆炸的时代，用户对于内容的需求已经从简单地获取信息转变为追求高质量、有深度、有创新性的内容。因此，作为新媒体运营者，必须树立品质思维，注重内容的质量和创新性，以吸引和留住用户。

（1）严格把控内容质量。对于新媒体运营来说，内容的质量直接决定了用户的留存率和活跃度。因此，必须对发布的内容进行严格筛选和审核，确保内容的真实性、准确性和权威性。

第一，制定内容审核标准。明确内容的质量标准，包括内容的真实性、客观性、准确性、权威性等方面。对于不符标准的内容，坚决不予发布。

第二，建立专业的编辑团队。组建一支专业的编辑团队，负责内容的筛选和审核工作。团队成员需要具备较高的专业素养和敏锐的洞察力，能够准确判断内容的质量。

第三，引入第三方审核机制。为了保证内容的客观性和公正性，可以引入第三方审核机构对内容进行审核。这样不仅可以提高内容的质量，还可以增强用户对平台的信任感。

（2）持续创新。在品质思维的指导下，不仅要注重内容的质量，还要注重内容的创新性。随着用户需求的不断变化，传统的内容形式和表达方式已经无法满足用户的需求。因此，需要鼓励团队成员不断尝试新的内容形式、新的表达方式，以满足用户日益多样化的需求。

第一，鼓励创新思维。鼓励团队成员敢于尝试新的内容形式和表达方式，不要拘泥于传统的思维模式。可以定期组织创新思维培训，激发团队成员的创造力。

第二，关注行业动态。密切关注行业动态和用户需求变化，及时把握市场趋势和新兴技术发展方向。通过不断学习和实践，将新的内容形式和表达方式融入日常运营中。

第三，开展内容创新实验。定期开展内容创新实验，尝试不同的内容形式和表达方式。通过实验结果分析用户反馈和行为数据，不断优化和完善内容策略。

（3）重视反馈。品质思维还要求重视用户反馈和评价。用户是的上帝，他们的反馈和评价是改进和优化内容策略的重要依据。因此，需要关注用户对内容的反馈和评价，及时调整和优化内容策略。

第一，建立用户反馈机制。设立专门的用户反馈渠道，方便用户对内容提出意见和建议。可以通过在线调查、用户访谈、社交媒体等方式收集用户反馈。

第二，分析用户反馈数据。对用户反馈数据进行深入分析，找出存在的问题和不足之处。根据用户反馈数据调整和优化内容策略，提高内容的质量和用户满意度。

第三，定期回访用户。定期回访用户，了解他们对内容的使用情况和感受。通过与用户的沟通交流，进一步了解他们的需求和期望，为后续的内容策划提供参考依据。

总之，通过严格把控内容质量、持续创新和重视反馈等措施的实施，可以打造出高品质、有创新性的内容吸引和留住用户为企业创造更多的价值。

3. 品牌思维

品牌是企业价值的体现，品牌思维在新媒体运营中的重要性不言而喻。它不仅是企业与用户建立情感连接的桥梁，也是企业在市场中稳固地位和扩大影响力的基石。

（1）营造品牌概念。品牌直接影响用户对产品的认知、认可和评价，用户通常会优先选择品牌知名度、美誉度更高的产品。在这种情况下，品牌影响力越大，用户黏性就越高，忠诚度也会越高。在用户心中营造品牌概念是为了给用户树立一个鲜明的、独一无二的品牌形象，打造品牌的独特价值，吸引用户关注，让用户认可品牌。企业在设计品牌时需要定位清晰，要符合市场需求和用户需求，可以从产品和策略的角度来进行分析。

第一，产品分析。产品分析应该围绕产品进行，好产品才能支撑起有影响力的品牌。产品特点、卖点、功能、形象、服务等都可以作为品牌特色打造。

第二，策略分析。策略是指打造品牌的差异化；通过细分市场满足用户的个性化需求，从而获得独特的品牌优势。

（2）品牌宣传。品牌要被用户知晓就需要进行宣传，运营人员可以通过传统媒介和新媒体平台两种方式来进行宣传。

第一，传统媒介宣传。报纸、杂志、电视、广播等传统媒介虽然优势没有新媒体明显，但在当前环境下与新媒体结合进行宣传仍可达到一定的宣传效果，扩大宣传的覆盖面。

第二，新媒体平台宣传。通过新媒体平台宣传是目前推广的主要方式，且其成本相对传统媒介更低、因此，更多的企业和品牌开始转战新媒体平台，微博、微信等社会化媒体成了宣传品牌的主要平台。不管哪一种宣传方式，只有真实、新颖、个性或具有创意的宣传，口碑传播的效果才会好，这也对品牌口碑传播的策划提出了更高的要求。

（3）持续品牌管理。监控品牌形象，确保在不同的平台和媒介上保持一致性；收集用户反馈，及时调整品牌策略以适应市场变化和用户需求；培养品牌忠诚度，通过会员计划、积分奖励等手段鼓励用户的重复购买和推荐；进行危机管理，制定应对负面事件的策略，保护品牌形象不受损害。

（4）创新品牌发展。关注行业趋势和技术发展，不断创新产品和服务，保持品牌的活力；探索新的营销渠道和方法，如利用虚拟现实（VR）、增强现实（AR）等新技术提升用户体验；培养品牌倡导者，鼓励满意的用户成为品牌的口碑传播者。

4. 平台思维

平台思维作为新媒体运营的核心理念，要求运营者将平台视为一个生态系统，通过有计划的策略和系统性的管理，使平台得以稳健发展。在这一理念的指导下，新媒体运营者需要深入贯彻平台思维，以实现平台的可持续发展和壮大。

（1）使用新媒体平台。“新媒体时代，自媒体已经成为获取信息的重要媒介。”[①] 人人都是自媒体，口碑传播在新媒体平台可以产生巨大的裂变效果，为企业带来十分可观的运营收益。通过自媒体的形式，企业可以建立产品与用户的连接，促进产品在用户的社交圈传播，实现产品和品牌的裂变式推广。

（2）建立良好的社区氛围。建立良好的社区氛围是平台思维的重要组成部分。通过制定合理的社区规则、建设积极向上的社区文化，运营者可以打造一个

---

①高菲菲．新媒体时代平台运营和内容编辑策略[J]．中国报业,2023,(19):92.

良好的社区氛围。这不仅有助于增加用户黏性，提高用户参与度，还能够吸引更多的内容创作者积极参与平台。在一个和谐、活跃的社区中，用户和创作者可以更好地互动和交流，形成共鸣，推动平台生态的良性发展。

（3）众包协作。众包是在互联网下诞生的产物，它强调社会差异性、多元性带来的创新潜力，强调从外部吸引人才参与创新与合作。众包蕴含着“携手用户协同创新”的理念，让产品设计由原来的以生产商为主导转向以目标用户为主导，延伸创新边界，借助社会资源来提升自身的创新与研发实力，通过用户的参与让产品更具吸引力，更容易适应市场需求并获得利润。众包是以“蜂群思维”和层级架构为焦点的互联网协作模式，小米手机在研发中让用户参与实际上就是一种众包模式。

（三）提升作品质量

新媒体运营内容对提升用户关注度具有积极作用，“内容为王”需要以创新为前提，需要抓住受众需求做好优质内容，在编辑排版、稿件质量、画面呈现等多方面不断优化，为受众提供高质量作品。

“内容为王”要求新媒体运营时需要突出内容特点，以最快速度抓住受众需求、最优质内容吸引受众关注、提高受众满意度。最快速度是指新媒体运营对内容合理排版，如视频内容编辑时，如果是新闻类内容应该用白色、大字标识出来，而视频底色适合用蓝色，从而凸显出权威性，快速抓住受众需求和兴趣；最优质内容是指在内容解读方面既要有原文推送也要有深度挖掘和精准解读。

“内容为王”还需在内容本身、内容形式、节奏、风格、切入点以及表达等诸多细节上体现，既要有与平台推送内容差异性也要有同一平台下与其他发布者不同内容设计方式，从而增加自身特殊性，确保自身推送内容占据相当一部分推送量和浏览量。

“内容为王”一直是媒体关注核心，无论是传统媒体还是新媒体，在实际运营过程中都要做好媒体内容设计工作，哗众取宠、肤浅的文字或视频、夸张的内容表现手法在初期虽然可以短暂引流，但随着时间推移、受众出现审美疲劳自然会被抛弃，因此新媒体运营应坚持“内容为王”，耐住寂寞，坚持做好高质量作品，逐步收获稳定且忠诚度高的粉丝用户。

(四) 扩大媒体影响

新媒体运营过程中必须要抓住热点话题，通过热点话题扩大新媒体运营影响力和平台账户权重，以此得到受众广泛关注，实现传播效率和传播质量、影响力的多方位发展。

抓住热点最主要是快速了解上升热点并对其现象进行分析，快速进行内容撰写并分发、推送，尽可能与上升热点热度同步。运营推送的具体内容要细分领域，包括资讯类需要介绍上升热点内容和现象、新闻类报道上升热点中的人和事，解读类从不同角度分析上升热点的内容，具体的形式包括文字、视频、动漫等，实现所有形式、全平台、全内容的覆盖和分发。

抓住热点进行新媒体运营是扩大媒体影响，提升媒体用户满意度的有效方式，在热点处理方面需要准确传递热点信息，由运营团队进行热点分析并全范围解读，然后推广平台，实现热点的有效追踪、报道。每个热点都可能是新媒体运营的“爆点”，在实际运营时需要做好运营设计工作，坚持团队作战思想，从自身的账号运营入手，确保推送的内容符合热点发展的趋势，符合受众需求。

(五) 分析用户需求，加强互动

新媒体运营过程中加强与受众互动是提升平台黏性的有效手段，而互动过程是分析受众需求的过程。运营者可以通过互动粉丝浏览轨迹形成“用户画像”，对受众实际需求和情况进行分析，为后续运营工作提供数据基础，实现有针对性的信息推送，提升浏览质量。

加强互动要求全媒体运营过程中实现与用户有效沟通。一方面是以平台为基础的互动。平台上互动主要是在新媒体运营过程中根据受众留言进行及时的回复，及时解答受众问题，良好平台互动通常会获得更多曝光率。此外，平台上互动通常会成为新媒体判定账户活跃度的方式，也会给予适当的权重从而获得更多曝光率；另一方面是以粉丝群为基础互动。新媒体运营过程中会逐渐组建多个粉丝群，这些粉丝黏性比较高，群内的互动、意见体现了受众的关注，同时为新媒体运营者提供了更多思路。互动的过程，是分析用户需求的过程，新媒体运营可以根据受众需求精准推送用户感兴趣内容，这种运营方式是平台推送思路，即平台会根据受众日常浏览习惯，推送其感兴趣的内容，而新媒体运营也是通过类似方式推送，从而进一步提升活跃度和浏览量。

（六）时间规划，合理推送内容

新媒体运营中的时间规划是一项关键要素，合理安排推送内容能确保其符合受众需求。主要针对不同平台、受众群体、粉丝浏览量和通用时间进行规划，以确保推送信息符合受众的浏览需求。

新媒体时间规划存在一定的规律。清晨6~8点，刚起床，主要以观看视频为主，如晨读、简短资讯等不会过多占用时间的内容；8~10点，处于上班途中或已开始工作，主要以图文消息为主，因时间紧张，长篇视频不便观看；中午10点~14点，用户处于午休时段，适合推送轻松愉快的视频资料。下午15~18点以图文为主，18点后则以视频为主。

在运营过程中，可根据账户栏目设置进行合理的时间规划，满足用户需求，并使其养成关注账号和浏览信息的习惯。除了遵循大众时间规律，还可结合平台特点进行信息推送。例如，大部分新媒体平台在中午和晚上为用户登录高峰期，信息推送应集中在这两个时段。但如B站等平台，下午浏览量较高，中午之前较低，故推送时间应调整为下午及晚上，考虑到该平台用户主要为青少年，他们往往不太早起。

此外，合理推送内容还需考虑不同时间段的用户需求。早晨用户主要关注资讯、新闻，晚上则以娱乐内容为主。因此，在推送内容时需作出合理选择和设置，提高新媒体运营能力。

总之，在实际运营过程中，需充分了解用户需求，根据不同时段推送适当的内容和展示方式。

（七）优化内部流程，提升运营能力

新媒体运营需要对现有内部流程进行持续性优化，通过优化流程方式提升运营能力，获得更多的受众体验和黏性。内部流程优化是一个长期动态过程，需要运营者在实际工作中有效优化和布局，以用户为中心、以获取浏览量为目标。

第一，强化内容生产流程。内容是新媒体运营的核心，而高效的内容生产流

程是确保平台持续吸引用户的关键。运营团队应当对整个内容创作到发布的流程进行全面梳理，明确每个环节的责任和流程标准。在此基础上，引入先进的内容管理系统和协作工具，提高内容的制作效率，降低成本。同时，运用数据分析工具对不同类型的内容效果进行评估，及时调整和优化内容策略，确保各类内容都能够实现最大化的传播效益。

第二，加强社交媒体运营流程。社交媒体是新媒体运营的重要平台之一，对其运营流程的优化尤为关键。从内容发布、互动回复到用户反馈的处理，每个环节都需要明确规范和高效执行。运营团队应建立起快速响应机制，实时关注用户反馈和互动，积极回应用户关切，提升用户体验。同时，通过社交媒体监测工具，了解行业动态和竞争对手情报，为运营策略的调整提供数据支持。

第三，优化数据分析与运用流程。在数字时代，数据是决策的关键依据，因此，建立健全的数据分析与运用流程至关重要。运营团队需要梳理数据收集、清洗、分析和应用的全过程，确保数据的准确性和及时性。引入先进的数据分析工具，实现对用户行为、内容效果等方面的深度挖掘。同时，建立数据报告制度，定期对运营效果进行评估，发现问题并及时调整运营策略。通过数据分析的不断优化，提高运营的精准度和效果。

第四，升级团队管理流程。优秀的运营团队是新媒体成功的关键，因此，提升团队管理流程至关重要。运营团队应根据团队规模和特点，明确各个岗位的职责和工作流程，确保团队协同高效运作。通过定期的培训和沟通会议，提高团队成员的专业素养和团队协同能力。同时，激励机制的建立也是关键一环，通过设立明确的绩效考核标准，激发团队成员的工作积极性和创造力。

第五，建立完善的危机处理流程。在新媒体运营中，危机处理能力直接关系到平台的声誉和稳定性。因此，建立完善的危机处理流程是不可或缺的一部分。运营团队应在平时定期进行危机演练，提前规划各类可能发生的危机情景，明确危机处理的责任人和流程。建立危机信息发布机制，确保信息的透明、及时和准确发布，避免因信息滞后而导致更大的危机。

新媒体内容编辑与文案策划

第一节　编辑新媒体图文

图文是指图片和文字的组合，通常用于传达信息或展示内容。这种组合可以包含照片、插图、图表、文字描述、标题等元素，旨在通过视觉和文字两种方式来增强信息的传达效果。在新媒体时代，信息的传播方式和内容形式发生了显著的变化。图文编辑，作为新媒体内容创作的核心环节，其重要性日益凸显。新媒体图文编辑不仅涉及图片和文字的选择、组合和呈现，还涉及信息的传达、受众的吸引以及品牌的塑造。因此，深入探讨新媒体图文编辑的策略、技巧及其影响，对于提升新媒体内容的质量和传播效果具有重要的学术和实践价值。

一、新媒体图文编辑的核心要素

第一，图片选择。一幅高质量的图片能够迅速抓住受众的眼球，清晰地传达信息，并提升内容的可信度。在挑选图片时，应注重以下几点：图片要与主题紧密相关，具有强烈的视觉冲击力，能够引发情感共鸣。此外，图片还需具有独特性，避免与大量其他内容重复，以提高内容的吸引力。

第二，文字撰写。对于以图文为主要传播内容的新媒体平台，编辑制作中对文字元素的处理直接关系到新媒体产品的传播率、到达率和点赞率。文字是新媒体图文编辑的另一个重要组成部分。精准的文字描述、生动的叙述和有力的论点能够增强图片的表现力，提升内容的深度和广度。在撰写文字时，要注意以下几点：文字要简洁明了、易于理解，具有感染力，能够引起读者的共鸣。同时，文字要与图片相互配合，形成一个完整的故事，让读者在阅读过程中感受到内容的魅力。

第三，布局设计。布局设计是新媒体图文编辑的核心环节。一个合理的布局可以使图片和文字相互呼应，呈现出优美的视觉效果。在设计布局时，要遵循以下原则：清晰、美观、平衡。确保受众在阅读过程中能够享受到愉悦的视觉体验。

二、新媒体图文编辑的影响

第一，提升内容质量。优秀的图文编辑能够提升新媒体内容的质量，使其更具吸引力和影响力。通过精准的图片选择、生动的文字撰写和合理的布局设计，新媒体内容能够更好地传达信息、表达观点并吸引受众的关注。

第二，增强传播效果。新媒体图文编辑对于提升内容的传播效果具有关键作用。精准的定位、创意的表达和情感的连接能够使内容更易于被受众接受和分享，从而扩大传播范围和影响力。

第三，塑造品牌形象。新媒体图文编辑也是品牌形象塑造的重要手段。通过统一的风格、专业的呈现和高质量的内容创作，能够塑造出独特而鲜明的品牌形象，提升品牌价值和知名度。

综上所述，新媒体图文编辑在新媒体内容创作中扮演着举足轻重的角色。通过精准定位、创意表达、情感连接和交互性增强等策略与技巧的运用，能够提升新媒体内容的质量和传播效果，并塑造出独特的品牌形象。因此，新媒体从业者应重视图文编辑的学习与实践，不断提升自身的编辑能力和创意水平，以创作出更加优秀的新媒体作品。同时，学术界也应加强对新媒体图文编辑的研究和探索，为新媒体行业的发展提供有力的理论支撑和实践指导。

三、新媒体图文编辑的策略

第一，精准定位。精准定位是新媒体图文编辑的首要步骤。在开始编辑之前，必须明确目标受众和内容主题。通过市场调研和数据分析，了解目标受众的年龄、性别、职业、兴趣爱好等特征，以便选择与其相关的图片和文字。同时，确定内容主题，确保所编辑的内容与主题紧密相关，避免偏离主题导致受众流失。例如，如果目标受众是年轻人，可以选择时尚、潮流的图片和轻松幽默的文字；如果内容主题是环保，可以选择与自然、生态相关的图片和呼吁保护环境的文字。

第二，创意表达。创意是新媒体图文编辑的核心竞争力。在竞争激烈的信息环境中，只有具备独特视角和创新表达方式的内容才能吸引受众的注意力。因此，编辑需要充分发挥创造力，从不同角度审视问题，挖掘有趣的观点和故事，以新颖的方式呈现给受众。创意表达不仅体现在文字上，还包括图片的选择和排版设计。可以使用高质量的图片、独特的配色方案和巧妙的排版技巧，打造视觉冲击力强的图文作品。同时，注意保持内容的连贯性和逻辑性，确保受众能够顺畅地理解和接受信息。

第三，情感连接。情感是人类最基本的需求之一，也是新媒体图文编辑中不可忽视的因素。通过情感化的图片和文字，引发受众的情感共鸣，增强内容的感染力和传播力。编辑需要深入了解受众的情感需求和心理特点，选择能够触动人心的图片和文字，传递积极向上的情感价值。例如，可以通过讲述感人至深的故事、展示温馨的场景或使用感性的语言来激发受众的情感共鸣。同时，注意保持情感的真实性和可信度，避免过度渲染或虚假宣传导致受众反感。

第四，交互性增强。新媒体具有交互性强的特点，图文编辑也应充分利用这一优势。通过添加互动元素、设置话题讨论、鼓励受众参与分享等方式，提高受众的参与度和黏性，形成良好的互动氛围。这不仅有助于提升内容的传播效果，还能增强受众对品牌的认同感和忠诚度。具体措施包括：在图文作品中设置问题或调查，引导受众思考和参与讨论；利用社交媒体平台的功能，如点赞、评论和分享等，鼓励受众积极参与互动；定期举办线上活动或话题挑战，激发受众的参与热情。

第二节　制作 H5 页面与视频

一、制作 H5 页面

H5，全称 HTML5，是 HTML（网页编程标准）的第五个版本，H5 具有跨平台、互动性强、视觉效果丰富等特征，使得网页可以实现更多的功能和效果，如动态图形、音视频播放、游戏等。制作 H5 页面的流程如下：

第一，找准定位。在制作 H5 页面之前，首先要明确目标受众，分析他们的年龄、性别、职业、兴趣爱好等特征，从而确定页面的风格、内容和传播策略。

第二，选择合适的 H5 模板。根据不同的需求和目标，H5 页面可以分为宣传类、营销类、互动类等。找准页面类型，有助于提高传播效果和用户体验。因此，在开始制作 H5 页面之前，先需要选择一个合适的模板。根据宣传目的和产品需求，选择不同类型的 H5 网页模板。例如，若是为了宣传品牌、引流客户，或是为了给公众号增粉等，应选择不同类型的 H5 网页模板。市场上有许多优秀的 H5 模板供应商，它们提供了丰富多样的模板供您选择。

第三，切合主题。围绕页面的核心诉求，策划具有吸引力的内容。内容要具备价值性、趣味性和传播性，以满足不同受众的需求。根据主题内容和目标受众，设计独具特色的视觉元素，包括页面布局、色彩搭配、字体选择等。视觉效果出众的 H5 页面更能吸引用户关注。

第四，设置基本功能。选择好模板后，点击创建，进入设置细节功能。在设置模板基础功能时，也需要根据自身的需求有所差异。例如，若宣传自家品牌，则可在 H5 网页模板中添加上 logo 信息，或将 logo 设置为 H5 游戏的一部分，以增强用户的印象。此外，还可以设置表单、互动元素、动画效果等，以提升用户体验和参与度。

第五，编辑和优化。根据需求，编辑和优化 H5 页面。可以选择使用一些 H5 制作工具，它们通常提供了一些易于使用的模板和编辑功能，如按钮、动画、游戏等。可以帮助快速制作出 H5 页面。同时，注意保持页面的简洁明了，避免过多的文字和复杂的布局，以免影响用户体验。并且结合页面主题，设计丰富的互动环节互动体验越出色，用户参与度和分享意愿越高。

第六，测试和发布。测试和发布 H5 页面，是最后的环节。需要确保在各种设备和浏览器上，H5 页面都能正常显示和操作。可以邀请同事或朋友进行测试，收集反馈意见，并及时进行调整和优化。测试无误后，便可发布。可以通过微信公众号、社交媒体平台或其他渠道发布 H5 页面，并进行效果跟踪。通过数据分析工具，可以了解用户对 H5 页面的访问量、停留时间、互动情况等，从而评估其效果并持续改进。

二、制作视频

（一）视频制作素材下载

在开始制作视频之前，首先需要获取视频素材。视频素材可以来源于多个渠道，例如在线视频网站、社交媒体平台、个人拍摄的视频等。下面介绍如何获取视频链接以及如何导出视频至计算机。

1. 获取视频链接

在网络世界中，视频分享已经成为一种主流的传播方式。无论是在线视频网站，还是社交媒体平台，都为广大用户提供了丰富的视频资源。为了方便用户观看和分享这些视频，网站通常会提供视频链接。下面我们将介绍几种常用的获取视频链接的方法。

（1）直接复制视频地址。许多视频网站，如优酷、爱奇艺、腾讯视频等，都在视频播放页面提供了“复制视频地址”或“复制链接地址”的选项。您只需在播放器窗口右键点击，然后选择相应选项，即可将视频链接复制到剪贴板。

（2）复制网址。在浏览器的地址栏中，您可以看到当前访问的网页地址。将此地址复制并粘贴到其他地方，就可以与他人分享该网页或视频。需要注意的是，某些网站为了保护版权，可能会对视频链接进行加密，这种情况下复制网址可能无法直接分享。

（3）使用下载工具。如果您想要下载视频，可以使用一些专门的下载工具，这些工具具有自动检测并获取视频链接的功能，能够帮助您轻松地下载喜欢的视频。

此外，在获取和分享视频链接时，请注意内容包括：①尊重版权。在分享视频链接的时候，请确保您有权使用或分享该视频。尊重原创，避免侵犯他人权益。②合法合规。确保您分享的视频链接符合国家法律法规，不涉及违法违规内容。③网络安全。避免点击来源不明的视频链接，以防受到病毒或恶意软件的侵害。

2. 导出视频至计算机

获取到视频链接后，下一步就是将视频导出至计算机。以下是一些常用的导出视频的方法：

（1）使用在线视频下载网站，将视频链接黏贴到网站中，然后点击下载按钮即可。

（2）使用桌面视频下载工具，将视频链接添加到工具中，然后点击下载按钮即可。

（3）使用命令行工具，将视频链接复制到命令行窗口中，然后执行相关命令下载视频。

（二）视频制作内容编辑

视频制作内容编辑是指对获取的视频素材进行剪辑、拼接、特效处理等操作，以制作出符合需求的视频。以下将介绍内容策划和制作技巧两个方面。

1. 内容策划

内容策划决定了视频的主题、结构、风格等。在进行内容策划时，需要考虑以下几个方面：

（1）确定视频主题：根据视频的目的和受众群体，确定视频的主题，例如教育类、娱乐类、宣传类等。

（2）制定视频大纲：根据视频主题，制定详细的视频大纲，包括视频的开头、中间和结尾等部分，以及各个部分的内容和时长。

（3）编写脚本：根据视频大纲，编写详细的脚本，包括对话、旁白、背景音乐等，以便在制作过程中有明确的指导。

2. 制作技巧

在制作视频时，需要掌握一些基本的制作技巧，以提高视频的质量和观赏性。以下是一些常用的制作技巧：

（1）剪辑技巧：剪辑是视频制作中最基本的技巧之一，它可以将多个视频片段进行拼接、删减、调整顺序等操作。在剪辑时，需要注意保持视频的连贯性和流畅性。

（2）特效处理：特效处理可以增加视频的视觉冲击力和观赏性。常见的特效处理包括转场效果、字幕效果、动画效果等。在处理特效时，需要注意不要过度使用，以免影响视频的整体风格和观感。

（3）音效处理：音效是视频制作中不可忽视的一部分，它可以增强视频的氛围和感染力。在处理音效时，需要注意选择合适的背景音乐和音效，以及调整音量和音效的长短等参数。

（三）格式转换软件

格式转换软件是一种用于将视频文件从一种格式转换为另一种格式的软件。由于不同的播放设备和平台对视频格式有不同的要求，因此需要使用格式转换软件来将视频文件转换为兼容的格式。以下是一些常用的格式转换软件：

第一，HandBrake。作为一款免费开源的视频格式转换软件，支持多种输入和输出格式，包括 MP4、MKV、AVI 等。它提供了丰富的编码选项和预设配置，可以满足不同用户的需求。

第二，Format Factory。作为一款多功能的格式转换软件，除了支持视频格式转换外，还支持音频、图像等多种格式的转换。它提供了简洁明了的操作界面和多种预设配置，使得转换过程变得简单快捷。

第三，Freemake VideoConverter。作为一款免费的视频格式转换软件，可以提供简单易用的操作界面和多种预设配置，可以满足不同用户的需求。

总之，在制作视频时，需要掌握一定的制作技巧和工具使用方法，才能制作出高质量的视频作品。同时，也需要注重内容策划和创意构思，以吸引观众的眼球并传递有用的信息。

第三节　撰写软文

“软文创意作为内容生产的核心，是进一步与消费者产生互动的重要途径，是新媒体内容运营的重要工作。”① 软文具有可读性强、流通性广、效果持久等特点，可以很快使得推广者的网站被关注，可以通过软文来为企业树立一个独一无二的公众形象，为企业树立一个不一样的服务形象，让消费者记住，这种软文比广告的效果要好。软文有三种基本类型。新闻型软文、行业型软文、用户型软文。

一、软文调研

软文调研是一项系统性的工作，旨在通过收集、整理和分析市场营销活动的各种资料或数据，为营销管理人员提供有力支持，帮助其制定更为有效的市场决策。在进行软文调研时，可以利用多种工具和渠道深入挖掘数据。

（一）软文的作用与类型

1. 软文的作用

（1）软文的直接作用。

第一，吸引潜在客户。软文的直接作用之一就是吸引潜在客户的注意力。通过撰写与目标受众相关的内容，结合产品或服务的特点，可以激发受众的兴趣和好奇心，引导他们主动了解更多信息。这种吸引潜在客户的方式比直接广告更加隐蔽和自然，不会引起受众的反感和抵触情绪。

第二，提升品牌知名度。软文的另一个直接作用是提升品牌知名度。通过在各大媒体平台发布软文，可以让更多的人接触到品牌和产品信息，提高品牌的曝光度和认知度。当受众对某个品牌或产品产生了一定的了解和信任后，就有可能成为该品牌的忠实粉丝和消费者。

第三，促进销售转化。软文还可以直接促进销售转化。通过在软文中插入购买链接或提供优惠信息，可以引导受众直接进行购买行为。同时，通过对产品或服务的详细介绍和推荐，可以增强受众的购买意愿和信心，提高转化率。

（2）软文的间接作用。

---

①刘旭明．新媒体内容运营视角下的软文创意能力提升研究［J］．现代营销（下旬刊），2023，（11）：126.

第一，塑造品牌形象。软文的间接作用之一是塑造品牌形象。通过撰写高质量、有深度的软文内容，可以展现品牌的专业性、创新性和责任感等形象特质。这种形象塑造方式比直接广告更加持久和稳定，能够在受众心中留下深刻印象。

第二，增强品牌信任度。软文还可以增强品牌信任度。通过在软文中提供有价值的信息和解决方案，可以帮助受众解决实际问题或满足需求，从而赢得他们的信任和好感。同时，通过与受众建立良好的沟通和互动关系，可以进一步增强品牌的信任度和忠诚度。

第三，拓展市场渠道。软文的另一个间接作用是拓展市场渠道。通过在各大媒体平台发布软文，可以覆盖更广泛的受众群体和市场领域，为品牌和产品开拓新的销售渠道和市场空间。同时，通过与其他品牌或机构合作发布软文，可以实现资源共享和互利共赢。

第四，提升搜索引擎排名。软文还可以提升搜索引擎排名。通过在软文中合理布局关键词和优化内容质量，可以提高网站或页面的权重和排名，从而增加曝光率和流量。这种提升搜索引擎排名的方式可以长期稳定地为品牌和产品带来潜在客户和销售机会。

第五，增强品牌影响力。软文的最后一个间接作用是增强品牌影响力。通过在各大媒体平台发布高质量、有影响力的软文内容，可以吸引更多的关注和讨论，从而扩大品牌的影响力和知名度。同时，通过与行业专家或意见领袖合作发布软文，可以借助他们的专业知识和影响力提升品牌的权威性和公信力。

2. 软文的类型

（1）新闻型软文。新闻通稿是一种由企业或组织自行撰写并发布的新闻稿，旨在向媒体和公众传达某一事件或信息。新闻通稿通常包含标题、导语、正文和结尾等部分，具有新闻性、时效性和权威性等特点。

第一，在撰写新闻通稿时，需要注意的内容包括：①突出亮点。在标题和导语中突出新闻事件或信息的亮点，吸引受众的注意力。②事实清晰。正文部分要客观陈述事实，避免夸大或歪曲事实。③语言简练。使用简练、明了的语言，避免使用过于专业或晦涩的词汇。④结尾有力。结尾部分可以强调事件或信息的意义和影响，增强受众的记忆和印象。

第二，新闻报道。新闻报道通常包含标题、导语、正文和结尾等部分，具有客观性、真实性和时效性等特点。在撰写新闻报道时，需注意的内容包括：①客观公正。保持客观公正的态度，避免主观色彩和偏见。②真实可靠。确保报道内容的真实可靠，避免虚假报道和误导受众。③生动形象。通过生动形象的描写和细节描写，增强报道的可读性和吸引力。④及时跟进。对于重大事件或持续关注的话题，需要及时跟进报道，保持信息的连续性和完整性。

第三，媒体访谈。媒体访谈是一种由媒体主持人或记者与被采访者进行对话或交流的节目形式，旨在传递被采访者的观点、经验和知识等。媒体访谈通常具有互动性、真实性和时效性等特点。在参加媒体访谈时，需要注意的内容包括：①准备充分。提前了解访谈的主题和问题，做好充分的准备工作。②表达清晰。用简洁明了的语言表达自己的观点以及想法，避免含糊不清或模棱两可的表达。③保持冷静。在面对尖锐或敏感的问题时，保持冷静和理智，避免情绪化或激动的反应。④尊重他人。尊重主持人和其他被采访者的观点和意见，避免攻击或贬低他人。

（2）行业型软文。作为营销传播中一种特殊而重要的形式，行业型软文不仅能够有效地传递产品或服务的信息，还能通过深入的行业洞察和专业知识，建立起品牌在行业内的权威地位。这类软文通常具有高度的专业性和针对性，旨在吸引行业内人士和潜在客户的关注，进而促进品牌认知度的提升和销售转化。行业型软文通常包括以下几种类型：

第一，权威论证。权威论证型软文侧重于借助权威机构、专家或学者的声音，对产品或服务进行专业、权威的论证。这种类型的软文通常以客观、中立的态度呈现，通过引用权威数据、研究报告或实验结果，来证明产品或服务的专业性、可靠性和有效性。权威论证型软文能够有效地增强消费者的信任感，提高购买决策的信心和满意度。

第二，在创作权威论证型软文时，需要注意的内容包括：①选择合适的权威来源。选择行业内具有权威性和公信力的机构、专家或学者作为论证的依据，确保信息的准确性和可信度。②引用权威数据和研究报告。在软文中引用权威的数据和研究报告，以支持论证观点，增加说服力和可信度。③保持客观中立的态度。在论证过程中，要保持客观中立的态度，避免过度夸大或美化产品或服务的效果，以免引发消费者的反感。

第三，经验分享。经验分享型软文主要通过分享行业内的实践经验、成功案例或专家心得，来展示产品或服务在实际应用中的优势和价值。这种类型的软文通常以第一人称或第三人称的视角呈现，让读者感受到真实、可信的经验分享。经验分享型软文能够有效地激发读者的兴趣和好奇心，促进他们对产品或服务的了解和认可。在创作经验分享型软文时，需要注意的内容包括：①选择合适的案例和故事。选择具有代表性、典型性的案例和故事进行分享，以展示产品或服务在实际应用中的优势和价值。②突出行业特点和痛点。在分享经验时，要突出所在行业的特点和痛点，让读者感受到产品或服务的重要性和紧迫性。

第四，保持真实性和可信度。在分享经验时，要保持真实性和可信度，避免虚构或夸大事实，以免损害品牌形象和信任度。

第五，观点交流。观点交流型软文主要通过呈现不同行业人士对某个话题或问题的看法和观点，来引发读者的思考和讨论。这种类型的软文通常以开放式、探讨式的形式呈现，旨在激发行业内人士和潜在客户的参与和互动。观点交流型软文能够有效地提升品牌的知名度和影响力，同时建立起品牌在行业内的专业形象。在创作观点交流型软文时，需要注意的内容包括：①选择热门话题和争议点。选择行业内热门、有争议的话题作为切入点，吸引读者的关注和讨论。②邀请行业专家参与。邀请行业内具有影响力和权威性的专家参与讨论，增加软文的说服力和可信度。③保持开放和包容的态度。在呈现不同观点时，要保持开放和包容的态度，尊重各方意见和看法，避免过度倾向或偏见。

第六，人物访谈、实录。人物访谈、实录型软文主要通过采访行业内的知名人士、专家或企业家，来分享他们的经验、见解和故事。这种类型的软文通常以对话或访谈的形式呈现，让读者感受到真实、生动的人物形象和故事背景。人物访谈、实录型软文能够有效地拉近品牌与目标受众的距离，建立起品牌与目标受众之间的情感联系和信任感。在创作人物访谈、实录型软文时，需要注意的内容包括：①选择合适的采访对象。选择行业内具有影响力、知名度或代表性的采访对象，增加软文的说服力和可信度。②深入挖掘人物故事和背景。在采访过程中，要深入挖掘人物的成长经历、职业发展和行业见解等方面的故事和背景，以展示人物的独特魅力和价值。③保持对话的真实性和流畅性。在呈现对话内容时，要保持真实性和流畅性，避免过度编辑或修饰，让读者感受到真实的访谈氛围和对话内容。

（3）用户型软文。用户型软文是一种以用户为核心，通过不同的内容形式满足用户需求、引发用户兴趣、提升用户体验的文体。在实际创作中，可以根据不同的目的和用户群体选择合适的类型。以下将对用户型软文的七大类型进行深度剖析，以便更好地理解和运用。

第一，知识型软文。知识型软文注重传递信息和知识，通过深入解析、科普性的内容吸引用户。这类软文的目标是为用户提供有价值的信息，满足用户对于知识获取的需求。通常包括专业领域知识、实用技能等内容，具有一定的权威性和可信度。特点与创作技巧：①提供深度的行业知识或实用技巧，满足用户的学习需求。②使用图表、案例等辅助材料，增加可读性。③引用权威来源，增强文章可信度。

第二，娱乐型软文。娱乐型软文以轻松幽默的语言，引发用户笑声或愉悦感。这类软文注重情感共鸣，通过幽默风趣的描写吸引用户，提升阅读体验。娱乐型软文往往关注社会热点、生活琐事，以轻松愉快的形式传递信息。特点与创作技巧：①使用幽默风趣的语言，增加阅读趣味性。②关注社会热点、搞笑事件，紧贴用户关注点。③引入个人经历、趣事，增加亲和力。

第三，故事型软文。故事型软文通过生动的叙述和情节安排，将信息融入故事情节中，引发读者共鸣。这种类型的软文更注重情感表达，通过故事情节拉近与用户的距离，使信息更容易被接受。特点与创作技巧：①通过人物塑造、情节安排，形成鲜明的故事主线。②注重情感表达，引发读者共鸣。突出故事的高潮，增加阅读体验。

第四，情感型软文。情感型软文通过真挚、深刻的情感表达，打动用户的心灵。这类软文注重情感共鸣，通过真实的情感表达使用户更加容易产生共鸣，增加对品牌或主题的认同感。特点与创作技巧：①借助真实的情感故事，打动读者的心。②使用感人的语言，增强情感共鸣力。③引导读者思考，产生共鸣。

第五，资源型软文。资源型软文以收集、整理和分享有价值的资源为主，满足用户获取实用信息的需求。这类软文通常涉及实用工具、资源网站、下载链接等，为用户提供便捷的资源获取途径。特点与创作技巧：①提供有实际应用价值的资源，满足用户需求。②注重资源的实用性和适用范围。③结合案例和使用方法，增加可操作性。

第六，爆料型软文。爆料型软文关注独家、独特的信息，通过揭示行业内幕、曝光秘闻吸引用户关注。这类软文往往能够创造话题，引发用户的好奇心和猎奇心理。特点与创作技巧：①揭示行业内部消息、幕后故事。②引入独家资讯，吸引用户关注。③注意信息的真实性和准确性。

第七，悬念型软文。悬念型软文通过在文中适度保留关键信息，制造悬念，引导用户持续关注。这类软文往往以引人入胜的情节和未知因素吸引用户，让用户产生强烈的好奇心。特点与创作技巧：①适度保留关键信息，引发读者好奇心。②通过引入未解之谜、疑点等制造悬念。③合理设置文章的节奏，引导读者持续关注。

（二）关键要素研究

第一，数据来源。通过数据指数可以获取关键词搜索量和趋势，数据排行榜提供了热门搜索词和话题。例如，百度广告牌和百度竞价关键词规划工具则可以分析竞争对手的广告投放情况。通过综合利用这些数据源，可以全面了解目标市场的状况和潜在机会。

第二，关键词研究。通过数据指数与竞价关键词规划工具，可以分析用户对特定关键词的搜索热度和趋势。这有助于确定用户关注的焦点，为软文的内容选择提供方向。同时，分析竞争对手的关键词策略，制定更针对性的关键词规划。

第三，行业热点和趋势。通过百度风云榜等工具，可以了解当前市场的行业热点和趋势。这包括热门搜索词、社会事件、行业动态等。通过对这些信息的分析，可以及时调整软文内容，使之更符合用户关注点，提高软文的曝光和传播效果。

第四，竞争对手分析。百度广告牌和百度竞价关键词规划工具可以用于竞争对手的分析。了解竞争对手的广告投放情况、关键词选择和广告创意，有助于制定更有针对性的软文营销策略。同时，通过对竞争对手软文的效果分析，可以借鉴成功经验，避免雷区。

第五，目标用户洞察。软文营销的核心目标是吸引目标用户，因此需要深入了解目标用户的需求和偏好。通过分析用户在搜索引擎上的行为和兴趣点，可以挖掘潜在的软文主题和创意。这有助于制定更具吸引力的软文内容，提高用户参与度和品牌认知度。

第六，调研目的明确。在进行软文调研时，必须明确调查的目的。是为了了解市场状况，寻找潜在机会，还是为了更好地了解目标用户？明确调研目的有助于有针对性地选择和分析数据，确保调研结果能够有效支持软文营销策略的制定和实施。

通过以上的软文调研工作，运营者能够更全面、深入地了解市场环境和用户需求，为软文内容的制定和推广提供有力支持。这种系统性的调研不仅有助于提高软文的传播效果，也能够使营销策略更加精准和有效。

二、软文撰写方案策划

软文撰写方案策划，根据企业自身的情况作出具体的分析。先明确软文的目的是为了树立品牌、拉动销售还是对竞争对手的策略进行回应；要明确软文营销实施策略，明确软文营销的时间要求、数量要求和投放渠道。在软文撰写的过程中，需要不断调整所制定的方案。

（一）软文标题撰写

1. 软文标题提炼技巧

（1）标题简单明了，与软文的内容相契合：标题是软文的“门面”，它应该简洁明了，能够迅速传达软文的核心内容。标题过于复杂或冗长，容易使读者失去兴趣。同时，标题的内容应该与软文的主题紧密相连，避免产生误导。

（2）标题要和现在流行的热门关键词联系在一起：结合热门关键词不仅有助于提高软文的搜索排名，还能吸引对这些关键词感兴趣的潜在读者。因此，了解当前的流行趋势和热门话题，对于制定有效的标题至关重要。

（3）标题要有亮点：在众多的信息中，一个有亮点的标题能够迅速抓住读者的眼球。亮点可以是新颖的观点、独特的见解、引人入胜的故事等，它能够激发读者的好奇心，促使他们进一步阅读软文。

（4）巧用问号：问号能够引发读者的思考，激起他们的探索欲望。在标题中使用问号，可以有效吸引读者的注意力，同时引导他们思考软文所要解决的问题或探讨的话题。

2. 软文标题类型

（1）观点式标题：直接表达作者的观点或立场，这种标题能够迅速传达作者的核心思想，吸引对该观点感兴趣的读者。

（2）有趣式标题：以轻松幽默的方式吸引读者，能够缓解读者的阅读压力，使他们在轻松愉快的氛围中接受软文的信息。

（3）指导式标题：提供实用的建议或方法，能够满足读者的实用需求，吸引他们寻求解决问题的方法。

（4）问题式标题：以提问的方式引发读者的思考，能够引发读者的共鸣，促使他们进一步了解软文所探讨的问题。

（5）“十大”式标题：列举某一主题的前十项内容，能够给读者一种全面、系统的感觉，吸引他们了解更多的相关信息。

（6）数字式标题：使用数字来强调某个观点或事实，能够给读者留下深刻的印象，增强软文的说服力。

（7）提示式标题：提供某种提示或暗示，能够激发读者的好奇心，促使他们进一步了解软文所揭示的信息。

（8）借势式标题：借助当前的热门事件或话题来吸引读者，能够利用热门事件的影响力，提高软文的曝光率和传播效果。

（9）警告式标题：通过警告或提醒的方式来吸引读者的注意，能够引起读者的警觉和关注，促使他们更加关注软文所探讨的问题。

总之，一个吸引人的标题不仅能够吸引读者的兴趣，还能够提高软文的传播效果。因此，在撰写软文时，应该注重标题的提炼和选择，使其既简洁明了又富有吸引力。同时，根据不同的主题和目的选择合适的标题类型，使软文更加符合读者的需求和阅读习惯。

（二）软文开头的撰写

软文的开头是吸引读者的关键，一个好的开头能够激发读者的兴趣，引导他们继续阅读下去。下面将介绍四种常见的软文开头方式：

第一，开门见山式。开门见山式的开头直接点明主题，让读者立刻明白文章的主旨。这种方式适合于信息量大、需要迅速传达核心观点的软文。例如，一篇关于环保知识的软文，可以这样开头："随着工业化的进程加速，环境污染问题日益严重，如何保护地球家园成为每个人的责任。本文将为您揭示环保的重要性，并提供一些实用的环保小贴士。"

第二，情境导入式。情境导入式的开头通过描绘一个具体的场景或情境，让读者产生共鸣，进而引发他们的好奇心。这种方式适合于情感类、生活类的软文。例如，一篇关于母爱的软文，可以这样开头："在一个寒冷的冬夜，小女孩因为噩梦惊醒，她紧紧抱住妈妈，仿佛只有妈妈的怀抱才能带给她安全感。这一刻，母爱如同暖阳般温暖着小女孩的心房。"

第三，引用名言式。引用名言式的开头通过引用名人名言或经典语句，提升文章的权威性和可信度。这种方式适合于学术类、励志类的软文。例如，一篇关于成功学的软文，可以这样开头："有人说，成功是99%的努力加1%的灵感。那么，如何在这99%的努力中找到属于自己的那份灵感呢？本文将带您探讨成功的秘诀。"

第四，夸张刺激式。夸张刺激式的开头通过夸张或刺激的词语和描述，吸引读者的注意力。这种方式适合于娱乐类、广告类的软文。

（三）软文正文的布局

软文的正文部分需要有条理地展开论述，引导读者逐步深入了解主题。以下是七种常见的软文正文布局方式：

第一，悬念式。悬念式的布局在文章开头提出一个悬念或问题，然后在后续的内容中逐渐揭示答案。这种方式能够激发读者的好奇心，引导他们持续阅读。

第二，故事式。故事式的布局通过讲述一个或多个相关的故事来阐述主题。故事能够吸引读者的注意力，让他们在轻松愉快的阅读中接受信息。

第三，情感式。情感式的布局通过描绘人物的情感变化来打动读者的心灵。这种方式能够引发读者的共鸣，增强他们对文章的认同感。

第四，层递式。层递式的布局按照逻辑顺序逐步深入地阐述主题。这种方式能够让读者清晰地理解文章的思路和观点。

第五，正反对比式。正反对比式的布局通过对比正反两面的观点或案例来阐述主题。这种方式能够让读者更加全面地了解问题的各个方面。

第六，倒三角式。倒三角式的布局在文章开头提出一个宽泛的概念或问题，然后逐渐缩小范围并深入阐述。这种方式能够让读者从全局出发逐渐聚焦到具体问题上。

第七，倒置式。倒置式的布局在文章结尾处提出一个观点或结论，然后在前面的内容中进行解释和阐述。这种方式能够让读者在阅读结束后留下深刻印象并思考文章所传达的信息。

（四）软文结尾布局

软文的结尾是整篇文章的收尾之处，它不仅要概括文章的主题，还需要给读者一个深刻的印象，引发共鸣。在软文结尾布局中，有多种方式可供选择，下面将详细介绍六种常见的结尾布局方式：

第一，自然收尾。自然收尾是一种简洁而自然的结尾方式，通过总结文章的主要观点，以清晰而流畅的语言为文章画上一个圆满的句号。这种方式适合那些主题明确、逻辑清晰的软文。通过自然收尾，读者能够感受到文章的完整性，同时对主题有一个深入的理解。

第二，首尾呼应式。首尾呼应式是一种巧妙的结尾方式，通过在结尾回溯文章开头的元素，形成一种呼应的效果，使整篇文章呈现出一种内在的统一感。这种结尾方式常常能够给读者一种回环的感觉，增加文章的艺术性和感染力。

第三，点题式。点题式结尾是通过重申文章的主题，强调核心观点，让读者在结尾处再次明确文章的中心思想。这种结尾方式有助于加深读者对主题的记忆，并使文章更具说服力。

第四，名言警句式。引用名人的经典言论或警句作为结尾，是一种让软文更具深度和思考性的方式。经典的语录往往能够为文章增色不少，同时在读者心中留下深刻的印象。

第五，抒情议论式。抒情议论式结尾常常通过情感化的语言表达，让读者在结尾处产生共鸣和情感共振。这种方式适用于那些涉及情感和人文关怀的主题。

第六，请求号召法。请求号召法是通过在结尾处提出一个请求或呼吁，引导读者作出某种积极的行动。这种结尾方式能够激发读者的主动性，使文章产生更深层次的影响。

在软文结尾布局中，选择合适的方式要根据文章的主题、情感和读者的心理预期进行巧妙搭配。不同的结尾方式能够呈现出截然不同的效果，而最终的目标是让读者在结束阅读后留下深刻而积极的印象。

三、效果评估

一个好的软文平台将在下次继续投放，随后通过发布后提供的数据报告进行进一步分析。一般常用的营销评估方法：①软文的点击率。软文在发布载体上被用户点击的次数，能反映软文的受关注程度。②软文的评论数。软文被用户评论的数量，即软文在发布载体上被用户评论的数量，能反映软文所引起用户的互动影响力。③转载量。软文在一个网络载体发表后，被其他网络载体转载的数量，能反映软文的新闻价值。④搜索引擎的收录量。软文发表出去后分别被百度、谷歌等搜索引擎收录的数量，能反映软文的质量和受众喜好度。⑤直接 IP[①] 数量通过软文发布地址直接访问网站的数量。用户浏览软文过程中，点击相关关键词进入企业网站的 IP 数量。⑥有效 IP 数量。通过软文访问网站的 IP 数量中，有多少达成了目标，如多少人留下了联系方式，有多少人进行了在线购买等。

四、发布软文

发布软文是营销工作的关键步骤，其目的是让读者看到并接受信息。在发布前，需要仔细检查软文的各个方面，确保其质量和准确性。这包括检查行动目标是否植入、标题是否吸引人、超链接是否正确、是否存在错别字、内容是否连贯、结尾是否自然以及关键词植入是否过于密集等。此外，还需要选择合适的发布平台，如微信、微博、论坛、百度平台、门户网站和报刊等，以扩大软文的传播范围。

发布时间是一个重要因素，可以选择在 8：30—9：30 之间发布，因为这个时间段的转载率最高。但也需要根据不同平台和目标受众群选择不同的最佳发送时间段。通过这些努力，可以让软文在发布后获得更好的效果，进而达到营销的目标。

---

①IP 地址(Internet Protocol Address)是指互联网协议地址，是 IP 协议提供的一种统一的地址格式，它为互联网上的每一个网络和每一台主机分配一个逻辑地址，以此来屏蔽物理地址的差异。

第四节　策划及撰写产品文案

一、新媒体产品策划

（一）新媒体策划对产品营销的影响

在当今数字化时代，新媒体的崛起已经彻底改变了产品营销的传统模式。新媒体策划，作为一种结合创意、技术和市场策略的综合性工作，对产品营销产生了深远的影响。新媒体策划是指通过创意构思、技术应用和市场分析等手段，制定并执行针对新媒体平台（如社交媒体、博客、视频平台等）的营销策略。它的重要性在于能够精准地定位目标受众，有效地传递产品价值，同时实现与消费者的实时互动，从而提高营销效果和销售业绩。新媒体策划对产品营销的影响如下：

1. 增强品牌认知度

新媒体策划作为连接品牌与消费者之间的桥梁，其重要性日益凸显。特别是在增强品牌认知度方面，新媒体策划发挥着至关重要的作用。

品牌认知度是指消费者对品牌名称、标志、形象及其所提供的产品或服务的识别和记忆程度。在新媒体环境下，消费者接触信息的方式和渠道发生了深刻变化，他们更倾向于通过社交媒体、博客、视频平台等新媒体渠道获取信息。因此，新媒体策划成为增强品牌认知度的关键手段。

新媒体策划通过创意内容和精准传播，帮助产品快速建立品牌形象。创意内容是新媒体策划的核心，它要求策划者根据目标受众的需求和兴趣，设计有趣、有吸引力、有价值的内容。这些内容可以是图文、视频、音频等多种形式，通过新媒体平台进行传播，吸引消费者的注意力。同时，精准传播也是新媒体策划的关键。通过对目标受众的精准定位，将内容准确地传达给潜在消费者，提高品牌曝光度和认知度。

除了创意内容和精准传播，新媒体策划还强调与消费者的互动和沟通。在新媒体平台上，企业可以与消费者建立更紧密的联系，及时了解他们的需求和反馈，传递品牌的核心价值和理念。这种互动和沟通不仅增强了消费者对品牌的认同感和忠诚度，还为企业提供了宝贵的市场洞察和用户反馈。

此外，新媒体策划还注重利用数据分析来优化传播效果。通过对新媒体平台上的用户数据、互动数据等进行分析，企业可以了解消费者的行为特点和偏好，从而调整策划策略，提高传播效果。这种数据驱动的方式使得新媒体策划更加精准、高效，有助于企业快速建立品牌形象并提高品牌认知度。

2. 扩大市场影响力

新媒体策划通过精心的内容制作和策略布局，在新媒体平台上实现了品牌信息的高效传播。这些平台如社交网络、博客、视频网站等，具有用户基数庞大、信息传播速度快和互动性强等特点，使得新媒体策划能够在短时间内触及大量潜在消费者。

（1）优质的内容是扩大市场影响力的关键。通过创造有价值、有吸引力、有情感共鸣的内容，新媒体策划可以吸引用户的注意力，并促使他们主动分享和转发。例如，一则关于健康生活的文章可能会引发读者的共鸣，并在他们的社交圈中传播开来，进而带动更多人对相关产品的关注。

（2）话题讨论和社区建设也是扩大影响力的重要手段。新媒体策划可以围绕产品或品牌发起话题讨论，鼓励用户参与，形成社区氛围。在这样的讨论和交流中，用户不仅能够更深入地了解产品，还能与其他用户建立联系，形成口碑效应。例如，一个运动品牌可以在社交媒体上发起关于运动生活方式的讨论，邀请用户分享自己的运动经历和心得，从而吸引更多运动爱好者的关注。

（3）社交媒体营销是新媒体策划不可或缺的一环。通过在社交媒体上投放广告、举办线上活动、与意见领袖合作等方式，新媒体策划可以迅速提升产品的知名度和曝光率。例如，一个化妆品品牌可以邀请知名美妆博主试用其产品，并在社交媒体上分享使用心得和化妆技巧，从而吸引更多爱美人士的关注。

（4）新媒体策划还可以通过数据分析和用户画像来精准定位目标受众，实现更有效的市场推广。通过对用户数据的收集和分析，新媒体策划可以了解用户的兴趣、需求和消费习惯，从而制定更符合用户需求内容和营销策略。

3. 提高营销效率

在新媒体时代，提高营销效率成为企业关注的重点。与传统产品相比，新媒体策划能够利用大数据分析和社交媒体平台的优势，实现更精准的目标受众定位。通过用户行为分析、兴趣偏好调研等手段，企业可以了解目标消费者的详细画像，从而制定更为精确的营销策略，确保每一分投入都能产生最大的回报。

优化传播渠道是提高营销效率的关键。不同的新媒体平台拥有不同的特点和用户基础，例如，通过年轻用户喜爱的平台入手，企业可以选择最适合其目标受众的传播渠道，实现有效的信息传递。同时，利用 SEO（搜索引擎优化）和 SEM（搜索引擎营销）技术可以提高内容在搜索引擎中的排名，吸引更多潜在客户的注意力。

提高内容质量是吸引和留住用户的重要手段。高质量的内容能够满足用户的需求，引发共鸣，促使用户进行转发和评论，从而实现病毒式传播。为了提高内容质量，企业需要投入资源进行创意开发和制作。这包括撰写吸引人的文案、设计引人入胜的图片和视频，以及开发与用户互动的小程序或活动。通过这些高质量的内容，企业可以建立品牌形象，提升用户对品牌的认同感和忠诚度。

此外，新媒体策划还应该注重结果的可量化。通过设置明确的 KPI（关键绩效指标），如点击率、转化率、参与度等，企业可以实时监控营销活动的效果。这些数据不仅可以帮助企业评估当前的营销策略，还可以为未来的营销决策提供有价值的参考。

4. 促进消费者参与

新媒体产品的成功与否，很大程度上取决于消费者的参与程度。消费者参与新媒体产品策划，不仅能够提高产品的市场接受度，还能够为品牌注入新的活力。在这个过程中，鼓励消费者通过评论、分享、点赞等方式表达自己的看法和感受，成为一种重要的互动方式。

消费者参与互动的意义重大，这种互动增强了消费者与品牌之间的联系。在新媒体环境下，消费者有了更多的发言权。他们可以通过评论、分享、点赞等方式，表达自己对产品的看法，这使得消费者不再是品牌的旁观者，而是参与者。这种参与感，让消费者对品牌有了更深的认同和信任。

消费者的互动行为，也为品牌提供了宝贵的用户反馈和市场洞察。在这些互动中，消费者会真实地反映出对产品的喜好、对营销活动的看法，这些都是品牌最为关注的信息。企业可以根据这些反馈，及时调整产品策略，优化营销活动，从而更好地满足消费者的需求。然而，鼓励消费者参与互动，并不意味着放任消费者言论。品牌需要建立健全的舆情监控和应对机制，对消费者的评论进行合理引导，避免恶意攻击和不当言论对品牌形象造成影响。

在新媒体时代，消费者参与已经成为产品策划的重要一环。品牌需要善于运用这种方式，与消费者建立更为紧密的联系，从而提高产品的市场竞争力。同时，品牌也要善于从消费者的互动中获取有价值的信息，不断优化自身，以满足不断变化的市场需求。

总之，消费者参与新媒体产品策划，既能够增强消费者与品牌之间的联系，又能为品牌提供宝贵的用户反馈和市场洞察。品牌应当重视这种互动方式，善于引导消费者，从中获取有益的信息，以调整产品策略和优化营销活动，从而更好地满足消费者的需求。在未来的新媒体营销中，消费者参与将发挥越来越重要的作用，品牌需要不断探索和创新，以充分利用这一优势。

5. 降低营销成本

在当今时代，新媒体策划相较于传统的广告投放方式具有显著的优势，其中之一就是成本较低。企业可以在微博、微信、抖音等社交媒体平台上投放广告，通过精准定位目标受众，实现广告的定向投放。这种方式可以有效降低广告投放的盲目性，减少资源浪费，同时提高广告的转化率。内容营销在新媒体策划中同样具有较低的成本优势。内容营销是通过创作有价值、有吸引力的内容来吸引潜在客户，从而实现营销目标。这种方式让企业在为客户提供有益信息的同时，传播品牌价值和产品信息，达到潜移默化的营销效果。内容营销可以与其他新媒体策划手段相结合，如图文、视频、直播等，形成多样化的传播形式，进一步提高营销效果。新媒体策划还可以通过数据分析来实现精准投放广告。企业可以通过收集和分析用户行为数据，了解用户的兴趣爱好、消费习惯等，从而精确把握广告投放的目标群体。这种方式有助于避免资源浪费，实现广告效果的最大化。

（二）新媒体产品方案策划

第一，明确目标受众。在制定新媒体策划方案前，企业必须明确目标受众是谁。这是新媒体策划的基础和出发点。通过深入的市场调研和数据分析，企业可以了解目标受众的需求、兴趣和行为特点，从而制定更具针对性的营销策略。此外，企业还应关注受众的消费习惯和心理，以便更好地满足其需求。

第二，制定创意策略。创意是新媒体策划的灵魂。企业需结合产品特点和目标受众的喜好，制定具有吸引力的创意策略。这包括设计有趣的内容、制作精美的视觉素材、策划互动活动等。富有创意的策划能有效吸引用户关注，提高品牌曝光度。

第三，选择合适的传播渠道。新媒体平台众多，企业需根据目标受众的特点选择合适的传播渠道。例如，针对年轻人群体，可以选择抖音、微博等社交平台；针对专业用户，可以选择行业论坛或专业网站等。选择合适的传播渠道有利于将营销信息精准地传递给目标受众。

第四，优化内容质量。优质的内容是吸引用户的关键。企业需注重内容的原创性、实用性和趣味性，同时保持更新频率和互动性。通过持续提供优质内容，企业可以吸引用户关注，建立良好的口碑，从而提升品牌形象。

第五，跟踪数据调整策略。新媒体策划是一个不断优化和调整的过程。企业需跟踪营销活动的数据和效果，分析用户反馈和市场变化，及时调整策略以提高营销效果。此外，企业还应善于借鉴行业内的成功案例，不断学习和创新，以提升自身的新媒体营销水平。

二、撰写产品文案

（一）明确产品文案的撰写特征

第一，明确的目标受众。产品文案需要明确其目标受众，不同的产品针对不同的消费群体，因此文案的撰写也要因人而异。了解目标受众的需求、兴趣和偏好，是制定有效文案的关键。例如，如果目标受众是年轻人，文案可能需要更加时尚、活泼；如果目标受众是中老年人，文案则可能需要更加稳重、专业。

第二，简洁明了的标题。标题是产品文案的重要组成部分，它能够迅速吸引读者的注意力。一个好的标题应该简洁明了，能够准确传达产品的核心卖点。同时，标题也应该具有一定的吸引力，激发读者的好奇心，促使他们进一步了解产品。

第三，突出产品核心价值。产品文案的核心是突出产品的核心价值。这些价值可能包括产品的功能、性能、品质、品牌优势等。文案需要清晰地阐述这些价值，并说明它们如何满足消费者的需求。同时，文案也要避免夸大其词或虚假宣传，以免损害企业的信誉。

第四，强调产品优势。除了核心价值外，产品文案还应该强调产品的独特优势。这些优势可能是产品创新、设计独特、使用方便等。通过强调这些优势，可以使产品在竞争激烈的市场中脱颖而出，吸引更多消费者的关注。

第五，具有情感共鸣。优秀的产品文案往往能够引发消费者的情感共鸣。通过讲述产品的故事、背景或设计理念，可以激发消费者的共鸣和认同感。这种情感共鸣不仅能够增强消费者对产品的信任度，还能够提升品牌形象和忠诚度。

第六，清晰的产品描述。产品文案需要提供清晰、准确的产品描述。这包括产品的规格、材质、使用方法等详细信息。通过详细的产品描述，消费者可以更加全面地了解产品的特点和性能，从而作出更明智的购买决策。

第七，有说服力的证据。为了使消费者更加信任产品，文案需要提供有说服力的证据。这些证据可能包括用户评价、专业机构认证、行业报告等。通过展示这些证据，可以增加消费者对产品的信任度，提高购买意愿。

第八，易于阅读的格式。文案的排版和格式也是非常重要的。一个易于阅读的文案应该使用简洁明了的语言、适当的段落划分和清晰的标题。同时，文案也要避免使用过于复杂的词汇或句子结构，以免让读者感到困惑或疲惫。

第九，明确的呼吁行动。最后，文案应该包含一个明确的呼吁行动。这可以是鼓励读者购买产品、了解更多信息或参与某种活动。通过明确的呼吁行动，可以引导消费者采取进一步的行动，从而实现营销目标。

（二）产品文案的撰写步骤

第一，明确产品特点与卖点。在开始撰写产品文案之前，首先需要明确产品的特点和卖点。这包括了解产品的功能、优势、适用人群等方面的信息，并从中提炼出最具吸引力和竞争力的卖点。通过突出产品的特点和卖点，可以让潜在用户更容易记住和认同产品。

第二，分析目标用户群体。在明确产品特点和卖点后，需要分析目标用户群体。这包括了解目标用户的年龄、性别、职业、兴趣爱好等方面的信息，并从中挖掘出用户的需求和痛点。通过深入了解目标用户群体，可以更好地把握用户的心理和行为习惯，从而撰写出更符合用户需求的产品文案。

第三，撰写引人入胜的标题。标题是产品文案的第一印象，它能够直接影响潜在用户是否愿意继续阅读下去。因此，撰写引人入胜的标题至关重要。在撰写标题时，需要注意简洁明了、有趣吸引人、能够准确传达产品特点等方面的问题。同时，还可以运用一些修辞手法和技巧，如使用疑问句、利用数字、制造对比等，来增加标题的吸引力和感染力。

第四，突出产品卖点与优势。在标题之后，需要重点突出产品的卖点和优势。这包括详细介绍产品的功能、性能、品质等方面的信息，并强调产品相比竞争对手的独特之处和优势所在。通过突出产品卖点和优势，可以让潜在用户更加了解产品的价值和竞争力，从而增加购买意愿。

第五，激发用户情感共鸣。除了突出产品特点和卖点外，还需要激发用户的情感共鸣。这可以通过讲述品牌故事、分享用户评价、展现产品使用场景等方式来实现。通过激发用户的情感共鸣，可以让潜在用户更加信任和认可产品，从而建立起深厚的品牌忠诚度。

第六，引导用户采取行动。在文案的结尾部分，需要引导用户采取行动。这可以通过设置明确的购买按钮、提供优惠活动信息、呼吁用户分享等方式来实现。通过引导用户采取行动，可以将潜在用户转化为实际购买者，从而实现销售目标。

第七，优化文案结构与排版。在撰写完产品文案后，需要对文案进行结构和排版的优化。这包括合理安排段落布局、使用清晰易读的字体和字号、添加适当的图片和图表等。通过优化文案结构和排版，可以让潜在用户更加舒适地阅读文案，从而提高文案的转化率和效果。

第八，进行多次修改与完善。最后，需要对产品文案进行多次修改和完善。

这包括检查语法错误、优化表达方式、调整排版格式等。通过多次修改和完善，可以让产品文案更加精准、生动、有力，从而更好地吸引潜在用户的关注和兴趣。

总之，产品文案的撰写是一个需要综合考虑多个因素的过程。通过明确产品特点与卖点、分析目标用户群体、撰写引人入胜的标题、突出产品卖点与优势、激发用户情感共鸣、引导用户采取行动、优化文案结构与排版以及进行多次修改与完善等步骤，可以撰写出具有吸引力和竞争力的产品文案。

微博运营与策划研究

第一节　微博运营概述

一、微博的基础认知

（一）微博的涵义

微博，是微型博客的简称，是指一种基于用户关系信息分享、传播以及获取，以文字、图片、视频等多媒体形式，实现信息的即时分享和传播互动的社交媒体和网络平台。“微博作为社交媒体的重要平台，在公共事件的影响力及社会议题的制造能力上，有着独特的优势。”① 用户可以通过多种移动终端接入，文字更新信息，实现即时分享。这种简洁、快速、易于使用的交流方式，既不同于传统的电子邮件，也不同于网上聊天，它更注重实时性和互动性。

在微博这个平台上，用户可以阅读其他用户发布的信息，也可以随心所欲地发布自己的所见、所感和所思。这种开放性，使得微博成为一个汇聚众多观点和思想的大熔炉，可以从中汲取知识的养分，也可以将自己的声音传递给更多的人。

微博的“微”特征体现在其发布内容的简短性。这种限制使得用户需要更加精练地表达自己的思想和感受，也更容易吸引读者的注意力。微博的记录形式丰富多样，包括简短的语言叙述、现场记录、发发感慨、晒晒心情等，它可以是

①刘珍．新媒体时代市场星报微博运营的路径与思考[J]．新闻世界，2023，(06)：22.

三言两语，也可以是长篇大论，但通常都比较简短。这种形式适应了现代人快节奏的生活方式，使得可以随时随地记录自己的生活和感受，并与朋友分享。

微博不仅是一个个人社交工具，更是一个重要的营销平台。许多企业和组织都在微博上开设账号，通过发布产品信息、活动推广等内容来吸引关注和增加销售。同时，微博也是舆论监测和品牌声誉管理的重要工具。企业可以通过微博了解用户对品牌和产品的反馈，及时进行调整和改进。

总而言之，微博是一个基于用户关系的信息分享、传播以及获取平台，以其简洁、快速、易于使用的特点，成为现代人社交生活中不可或缺的一部分。它不仅提供了一个人与人沟通的桥梁，也为人们提供了一个了解世界、分享生活的窗口。在这个平台上，可以汲取知识、传递声音、互动交流，共同构建一个丰富多彩的网络社会。

（二）微博的特征

第一，简洁性。微博限制了每条信息的长度在140个字符以内，这使得用户在发布信息时必须精练语言，信息表达形式也更加灵活多样。这种简练的表达方式既满足了用户快速传递信息的需求，也让他们能够在有限的篇幅内展现创意。

第二，实时性。由于微博的用户基数庞大，且不受地理位置的限制，微博成为实时新闻传播的重要平台。无论是国际大事还是身边的小事，微博用户都能在第一时间获取并分享。

第三，互动性。微博提供了多种形式的互动功能，如转发、评论和点赞等。这些功能不仅加强了用户之间的交流，还使得信息在传递过程中不断丰富和扩展。通过转发和评论，用户可以表达自己的观点，与其他用户进行深入的交流和讨论。

第四，社交性。微博通过用户之间的关系网络构建了一个庞大的社交圈。用户可以根据自己的兴趣爱好和关注的人来建立自己的社交圈。这种方式使得信息的传播更具针对性和精准度，也让用户更容易找到志同道合的人。

第五，多样性。微博的内容涵盖了多个领域，包括娱乐、体育、政治、科技等。这种多样性满足了不同用户的需求，使得每个人都能在微博上找到自己感兴趣的话题和信息。

第六，开放性。微博是一个开放的社交媒体平台，用户可以自由地分享和传播信息。这种开放性不仅促进了信息的快速传播，也为企业和个人提供了一个宣传推广的平台。许多品牌和企业利用微博进行营销活动，与目标用户进行直接互动。

第七，商业性。许多企业利用微博进行品牌宣传、产品推广和客户服务等商业活动。他们通过发布有关产品、活动和优惠信息来吸引潜在客户，并利用微博的互动功能与用户进行交流和沟通。这种方式有助于企业了解消费者需求，提高品牌知名度和用户忠诚度。

第八，数据化。由于微博用户的数量庞大，其行为和信息可以被数据化。通过数据分析，可以深入了解用户的兴趣、偏好和需求等信息。这些数据对于企业进行市场调研和制定营销策略具有重要的参考价值。

总结来说，微博凭借其独有的特征，已经成为获取信息、交流互动的重要渠道之一。它不仅丰富了的生活，还为企业和个人提供了广阔的发展空间。

（三）微博的定位

微博的定位是一个集信息分享、传播与获取于一体的社交媒体平台，它以微型博客的形式存在，允许用户通过简短的文字、图片、视频等多种形式发布和分享自己的生活和观点。

第一，社交属性定位。微博作为一个社交媒体平台，其社交属性是其核心定位之一。用户可以在微博上关注自己感兴趣的人或机构，获取他们的最新动态，并通过评论、转发、点赞等方式进行互动。这种社交属性使得微博成为一个连接人与人、人与组织的桥梁，让信息得以更加迅速、广泛地传播。

第二，内容传播定位。微博是一个高度开放的内容传播平台，用户可以在上面发布各种类型的内容，包括文字、图片、视频等。这些内容可以是自己的生活记录、感悟分享，也可以是新闻资讯、娱乐八卦等。微博通过算法和个性化推荐技术，将相关内容推送给感兴趣的用户，从而实现内容的精准传播。

第三，品牌营销定位。随着社交媒体的不断发展，微博也逐渐成为品牌营销的重要阵地。微博提供了丰富的广告投放和用户分析工具，帮助企业实现精准营销，提高品牌知名度和美誉度。

第四，舆论监测定位。微博是一个实时更新的社交媒体平台，上面汇聚了大量的用户观点和意见。这些观点和意见可以反映出社会热点、民生问题等各方面的信息。因此，微博也成为舆论监测的重要工具。政府、企业等组织可以通过对微博上用户发布的内容进行监测和分析，了解公众对某一事件或话题的态度和看法，从而及时作出相应的决策和应对。

第五，个人表达定位。微博作为一个个人化的社交媒体平台，允许用户通过简短的语言叙述、现场记录、发发感慨、晒晒心情等方式表达自己的思想和感受。这种个人表达定位使得微博成为一个充满活力和创意的社交平台，用户可以在这里分享自己的生活点滴、心情变化，也可以就某一事件或话题发表自己的看法和观点。

第六，跨平台传播定位。微博作为一个多终端接入的社交媒体平台，不仅可以通过 PC 端访问，还可以通过手机、平板等移动设备进行访问和操作。这种跨平台传播定位使得用户可以在任何时间、任何地点通过微博获取和分享信息，从而实现信息的无缝连接和高效传播。

（四）微博的功能

微博是一款备受欢迎的社交媒体平台，拥有众多强大的功能，满足了用户多样化的需求。

第一，微博的信息传播功能非常强大。用户可以随时随地发布自己的动态，包括文字、图片、视频等多种形式。这使得用户可以快速地传递信息和表达自己的观点，与他人分享自己的生活和想法。

第二，微博的社交互动功能也十分出色。用户可以关注其他用户的微博，及时获取他们发布的内容，参与他们的讨论。同时，用户还可以给其他用户的微博点赞、评论、转发等，与其他用户进行交流和互动。这种互动方式使得用户可以更好地了解彼此，建立联系，增强社交体验。

第三，微博还提供了私信功能，使用户可以与其他用户进行一对一的聊天，实现更加私密地交流。这一功能让用户在保持隐私的同时，也能与特定的对象进行深入地交流和沟通。

第四，微博还具有话题功能，用户可以为自己发布的微博添加话题标签，方便其他用户对相关内容进行分类和搜索。这使得用户可以更加方便地找到自己感兴趣的话题和内容，参与讨论和交流。

第五，微博还会根据用户关注的内容和热度推荐热门话题，使用户可以及时了解当前的热议话题和流行趋势。用户可以通过参与热门话题的讨论，与更多用户进行互动和交流，扩大自己的社交圈子。

第六，对于公众人物和官方机构来说，微博的认证功能可以帮助他们进行身份认证，增加用户对其宣传的认可度。这一功能使得公众人物和官方机构能够更好地与粉丝和用户互动，提升自身的知名度和影响力。

第七，微博也为企业和广告商提供了商业营销的机会。品牌和广告商可以通过微博投放广告，将自己的产品或服务推荐给广大微博用户。这种营销方式具有针对性强、覆盖面广的特点，能够有效地提高品牌知名度和销售额。

（五）微博的传播效应

在数字时代，微博作为一款领先的社交媒体平台，其传播效应已成为学术界和业界关注的焦点。微博的传播效应可以从多个维度进行分析，包括信息扩散的速度、范围、影响力以及用户参与度等。

第一，微博的信息扩散速度是其传播效应中最为显著的特征之一。得益于微博平台的即时性和互联网的无边界特性，信息可以在短时间内迅速传播至广大用户群体。这种快速传播的特性使得微博成为重要的即时新闻来源和舆论场，能够在第一时间内传递突发事件的消息，如自然灾害、社会事件等。

第二，微博的传播范围同样不容忽视。由于微博用户的多样性和广泛性，信息能够跨越地域、文化和社会阶层的界限，达到全球范围内的受众。这种广泛的覆盖能力使得微博成为品牌和个人进行国际化传播的有效工具。

第三，微博的影响力体现在其能够塑造公众议题和引导舆论方向的能力上。微博上的热门话题、热搜榜等功能能够集中展示用户关注的热点问题，进而影响公众对某一议题的认知和态度。此外，微博上的认证用户，如名人、专家和媒体机构，他们的发言往往具有较高的权威性和信任度，能够对公众意见产生较大影响。

第四，微博的用户参与度也是衡量其传播效应的重要指标。微博平台鼓励用户生成内容，用户可以发表评论、转发、点赞等互动形式，这些互动行为不仅增加了信息的可见度，也增强了用户之间的连接和社区感。高参与度的信息更容易形成网络效应，通过用户之间的互动和分享，信息的传播潜力得到进一步放大。

第五，微博的传播效应还体现在其对社会动员的能力上。在一些公益活动和公民行动中，微博扮演了重要的角色，通过网络传播动员大量用户参与到实际行动中。例如，环保倡导、慈善捐款等活动在微博上得到了广泛传播和积极响应。

第六，微博的传播效应还可能加剧社会分化。由于算法推荐的存在，用户可能更多地接触到与自己观点相同的信息，从而形成信息茧房，加剧社会观点的极化。因此，如何在保持传播效应的同时，促进信息的多元和平衡，是微博平台需要面对的问题。

二、微博运营的价值与流程

（一）微博运营的价值

第一，品牌建设与宣传。微博作为当今社会广泛使用的社交平台，具有巨大的品牌推广价值。企业可以借助微博平台发布有价值、有趣、富有创意的内容，吸引更多粉丝关注，从而提升品牌知名度和美誉度。此外，企业还可以与意见领袖、自媒体等进行合作，借助他们的影响力扩大品牌传播范围，实现品牌价值的最大化。

第二，市场营销与推广。微博营销是企业利用微博进行产品或服务推广的有效手段。通过精准定位目标受众，发布有针对性的广告和促销信息，企业可以提高产品曝光度，刺激用户购买欲望，从而提升销售业绩和转化率。此外，微博的短视频、直播等功能为企业提供了丰富的营销形式，有助于提高用户参与度和活跃度。

第三，客户关系管理。客户关系管理是企业可持续发展的重要保障。利用微博与客户互动，企业可以及时了解客户需求和反馈，回应客户问题和投诉，提高客户满意度和忠诚度。同时，企业还可以通过微博开展线上线下活动，拉近与客户的距离，提升客户体验。

第四，数据分析与决策支持。微博平台为企业提供了丰富的数据分析工具，通过对用户行为、话题热度、行业趋势等方面的数据分析，管理者可以深入了解市场动态和消费者喜好，为战略规划和决策提供有力支持。此外，数据分析还可以帮助企业挖掘潜在商机，提高运营效率。

第五，危机管理。在面临负面事件时，微博运营的重要性尤为凸显。企业应充分利用微博迅速响应，发布官方声明、解释情况，引导舆论走向，减轻危机影响。同时，企业还可通过微博加强与公众的沟通，展现诚意和责任，以恢复声誉。

第六，知识共享与教育。企业可通过微博分享行业知识、专业文章、实用教程等内容，树立行业专家形象。这不仅有助于提升品牌影响力，还能培养潜在客户的兴趣和信任，为企业的长期发展奠定基础。

第七，竞争对手分析。微博平台为企业提供了一个了解竞争对手动态的窗口。通过监控竞争对手在微博上的活动，企业可以获取竞争情报，分析对方的策略和优势，从而调整自身市场策略，确保竞争优势。

（二）微博运营的流程

1. 注册微博

（1）打开新浪微博的官方网站或者下载并打开新浪微博的官方 App。

（2）在首页上，看到一个“立即注册”或者“注册”的按钮，点击它。

（3）在弹出的注册页面上，选择一种注册方式。通常，微博提供了手机号注册和邮箱注册两种方式。如果选择手机号注册，输入手机号码，然后点击“获取验证码”。输入收到的验证码后，设置密码，然后点击“立即注册”。如果选择邮箱注册，需要输入邮箱地址，然后设置密码，点击“立即注册”。

（4）在完成以上步骤后，我们需要阅读并同意微博的服务使用协议和个人信息保护政策。如果同意，点击“同意”按钮。

（5）点击“立即注册”按钮，完成注册过程。需要注意的是，如果手机的号码或者邮箱地址已经被其他用户注册过，就需要更换一个未被注册过的手机号码或者邮箱地址。同时，为了账户安全，建议设置一个复杂且不易被猜测的密码。

（6）完成注册后，就可以开始使用新浪微博了，关注感兴趣的人或者机构，浏览他们的动态，也可以发布自己的动态，分享生活点滴。

2. 根据类型按需注册

新浪微博的注册分为个人账号注册和企业账号注册。

（1）个人账号注册。如果已经具有新浪账号，则无须单独注册，直接登录即可。如果没有新浪账号，则需要进行新用户注册，下载新浪微博 App，或者在电脑端，点击“还没有微博，立即注册”按钮，填写信息系统会发送一封带链接的注册确认信到注册邮箱中进入邮箱，点击确认信中的链接即完成微博注册拥有微博账号密码后，就可以登录个人微博。

（2）企业账号注册。首先要用企业的全称或者简称申请一个微博，进入自己微博后点击申请认证，新浪认证分为免费的个人认证和机构认证；然后点击下载、填写相关认证表格，并打印加盖公章后扫描成电子档（公章必须打描成彩色），接着点击“立即申请”，选择“企业类型”“企业性质”填写“企业全称”官方网站地址，认证说明；最后，填写联系人姓名、联系人职位、联系手机、电子邮箱、营业执照注册号并上传营业执照、企业公函。

3. 设置微博账户内容

微博账户设置是一个个性化和功能化的过程，通过它可以根据自己的喜好和需求来调整账户的各项参数。以下是一些关于微博账户设置的基本步骤和建议：

（1）基本设置。

第一，登录微博：打开新浪微博并登录账户。

第二，进入账户设置页面：点击右上角的设置图标（通常是一个齿轮或者三条横线），然后选择“账户设置”选项。

第三，修改个人信息：在“我的信息”界面，可以修改昵称、头像、个人简介、生日、性别等基本信息。这些信息将展示在个人主页上，帮助其他人更好地了解。

第四，绑定手机：为了账户安全，建议绑定手机号码。这样，即使忘记了密码，也可以通过手机验证码来重置。

（2）隐私设置。

第一，设置隐私权限：在隐私设置中，可以控制其他人查看的哪些信息。例如，可以选择只允许关注的人查看微博、相册等。

第二，管理关注与粉丝：可以查看管理的关注列表和粉丝列表，选择是否接受新的关注请求。

（3）安全设置。

第一，修改密码：为了账户安全，建议定期修改密码。在账户设置的安全选项中，可以修改登录密码。

第二，开启登录保护：为了防止账户被盗用，建议开启登录保护功能。这样，每次在新设备登录时都需要验证身份。

（4）个性化设置。

第一，调整界面主题：微博通常提供多种界面主题供用户选择。可以根据自己的喜好来选择。

第二，自定义功能：一些高级用户可能希望自定义一些功能，如自动回复、定时发布等。这些功能通常在"高级设置"或"更多设置"中。

（5）注意事项。在进行任何设置更改之前，建议先备份重要信息和数据。定期检查和更新隐私设置，确保个人信息不被泄露。如果发现账户异常或被盗用，请立即联系微博客服进行处理。通过这些设置，可以打造一个既个性化又安全的微博账户，更好地享受微博带来的社交体验。

4. 微博内容策划步骤

微博内容策划是一项至关重要的工作，它涉及如何吸引读者、传达信息以及建立品牌形象。

（1）选定主题。在内容策划中，选题环节至关重要。一个出色的主题能够瞬间吸引读者的目光，传递有价值的信息，并与品牌形象完美融合。选定主题的过程可以分为以下步骤：

第一，需求分析。深入研究目标受众的需求和痛点，找到能够满足他们需求的选题。只有深入了解受众，才能为他们提供真正有价值的内容。此外，还要关注受众的兴趣和喜好，以此为基础进行选题策划。

第二，热点追踪。时刻关注时事热点，捕捉社会舆论的走向。选择与热点话题相关的主题，可以提高内容的关注度和传播力。同时，紧跟潮流趋势，把握时尚脉搏，使内容更具吸引力。

第三，品牌定位。确保所选主题与品牌形象相契合，传达一致的品牌价值观。品牌形象是内容策划的基石，选题时要充分考虑品牌特点，使内容与品牌形象相得益彰。

在确定主题后，可以运用思维导图、时间地图等工具进一步拓展和细化主题内容。思维导图可以帮助我们发散思维，从不同角度挖掘主题的价值；时间地图则有助于我们合理安排内容发布时间，把握节奏，提高内容的影响力。这些工具为后续的创作提供了坚实的基础。

（2）资料收集与创作加工。在选定主题后，需要进行资料收集和创作加工。这一步的目的是获取足够的信息来支持主题的展开，并将这些信息转化为具有吸引力的微博内容。

第一，资料收集：从各种途径搜集与主题相关的信息，包括新闻报道、学术论文、社交媒体等。

第二，创作加工：根据收集的资料，选择合适的表达方式进行创作。这可以包括文字、图片、视频等多种形式。

第三，内容优化：对创作出的内容进行优化，使其更加符合读者的阅读习惯和兴趣点。

（3）内容组织与呈现。在完成内容创作后，需要对内容进行组织和呈现。这一步的目的是让读者能够轻松地理解和接受信息，并产生良好的阅读体验。

第一，内容排版：选择合适的排版方式，使内容清晰易读，包括标题、正文、图片等的排版。

第二，呈现方式选择：根据内容特点和读者兴趣选择合适的呈现方式，如图文结合、短视频等。

第三，风格统一：保持内容的风格统一，让读者能够形成对品牌的认知和阅读习惯。

除了以上三大步骤外，微博内容策划还需要注意以下几点：①内容更新：定期更新微博内容，保持与读者的互动和联系。②推广活动：积极举办有奖活动等推广手段，提高微博的曝光率和粉丝数量。③多平台引流：利用其他线上渠道如微信公众号等进行引流，扩大受众范围。④付费推广：使用新浪微博的官方付费推广工具进行精准投放，提高内容的曝光率和转化率。

5. 微博数据与指标分析

微博数据与指标分析是通过精确的统计方法深入挖掘海量数据，提炼出关键信息，形成洞察，并对这些数据进行细致研究和总结的过程。这一过程对于质量管理体系至关重要。通过对微博营销数据的分析，可以实现内容挖掘、舆情监控、营销监测和人群分析等多个目标。这种分析不仅能揭示数据中的规律和异常情况，还能帮助营销运营人员评估营销效果，优化营销策略，降低成本，从而提升营销效益。

在微博营销数据分析中，主要从用户、内容、流量和活动四个维度进行深入剖析。首先是用户维度，其中最直观的指标便是微博粉丝数。通过分析粉丝增长趋势、属性分布等数据，可以构建更精细的用户画像，进而更深入地理解受众需求。其次是内容维度，通过图文和视频分析，评估内容的质量和受众参与度，以优化内容策略。再次是流量维度，通过分析流量来源、用户行为等数据，可以揭示用户的观看习惯和偏好，从而提升内容的曝光率和关注度。最后是活动维度，通过对比活动期间与平时的数据表现，可以评估活动的效果，并为未来的活动提供有价值的参考。

（三）运营的实例

1. 政务微博运营

政务微博，指党政机关、公职人员因公共事务而设立的微博账号，是围绕政府工作职能而开通运营的官方认证微博。本质上是借助“微博”这个媒介，以推进政务信息公开、公共舆论引导、扩大公众参与公共事务为目的，构建符合当代媒体社交化趋势的参政、议政、问政平台。个人政务微博因公职人员自身工作职责而具备政务属性，主要由公职人员自身进行运维管理，发布内容具有个人特性和随意性，不列入本次政务微博研究范畴。党政机关政务微博指政府、党团、司法等部门开通的政务微博，根据开通党政机构的行政等级划分，可分为“省、地、县、乡”四级行政等级，各行政等级政务微博数与我国当前行政管辖机构数成正比。

（1）政务微博的特征。政务微博凭借人际社交、信息传播等功能，成为各级政府实行网上治理的社会化媒介之一，只有了解和把握其社会化媒介的特点，并加以运用，才能最大限度发出政务“好声音”。

第一，发布主体的权威性。在信息网络中，大多数网民都是被动地获取信息、接收观点，微博的传播内容和方向常常取决于少数意见领袖，网民的想法和态度容易受到少数意见领袖的引导产生转变，这类现象在网络社交媒体上更易出现。而政务微博的天然优势之一在于政府部门运营，使其在本质上不同于个人、组织等微博开设主体，能在第一时间发布职能范围内掌握的权威信息，消解信息不对称，保障公众知情权，自然而然形成意见领袖作用。

第二，发布内容的多样化。在海量信息面前，公众更倾向于简明、易懂、有趣、吸引人的微博内容，政务微博发布内容既要能吸引公众浏览，又要在简短信息内容中体现严谨性、普适性、实用性，这无疑是对政务微博运营人员的新挑战。为了符合社交媒介传播特点，政务微博发布内容不再局限于政务动态，开始涵盖衣、食、住、行等方面信息，发布形式也愈发多样，包含文字、视频、音频等，文字组织也变得幽默、通俗、易懂。

第三，沟通方式的交互性。政务微博具有多向互动、自由开放的特点，人人都能发布信息，公众不再是被动的信息接收方，政府、官员与公众在这个平台上具有一定平等性。政府可以发布权威信息、实行在线服务，推进务实、透明的服务型政府建设；公众可以发布微博、评论、转发等，直接与政府取得联系或对政务信息进行反馈，迅速获取政务信息、表达诉求，进行政务监督等。

第四，传播渠道的矩阵化。政务微博从最初的各自为政到如今的联动传播矩阵，各级政府开始对同一行政区不同部门或同一行政区同一性质部门的政务微博实行整合呈现，如微博发布厅、政务微博矩阵、政务微博群等，通过集中的平台，快速实现信息共享、转发交流。

在网络化的背景下，政务微博运营已经逐渐成为政府部门新增的重要工作内容之一，运营成效不仅仅涉及信息公开、舆论引导是否到位，还关系到政府的公共服务机制规范程度，是否有效建立与公众的互动链条。近年来，推进政务微博在内的政务新媒体规范化建设，其中专门对运维管理进行了阐述，强调要明确责任分工、完善服务功能、规范运维机制等，推进新媒体由信息发布向问政乃至行政转变，各省市区紧接其后发布相关法律法规，使政务微博的运营规范机制完成基本构建。

（2）政务微博的优势。

第一，广泛贴近群众，是发布信息听取民意最短路径。政务微博处于政务微博架构的基层，是基层政府重要的信息传播渠道，可以帮助基层政府部门体察民情、关注民意，可以更好实现政务信息有效传达和精准贯彻。政府微博须及时精准地传达上级政策方针，传播政府中心工作，宣传近期重点活动，解答群众反映问题，实现上情下达；同时，鼓励公众通过微博为当地事务管理建言献策，便于政府倾听群众声音，建立良好沟通渠道，做好信息收集反馈，促进政民相互理解，实现下情上报。

第二，信息时效性强，是处置和引导舆情的有力武器。微博作为“舆情信息中心”，充斥着各色各样的信息，政府能接触到更多原始信息、舆情，同时，政府相当于信息“把关人”，能进行有力发声、引导舆论。特别是面临突发事件和重大舆论险情时，政府部门能在第一时间获取属地范围内的事实真相，并向公众展现事件原貌，提供最迅速、可靠的内容。因此，政府要积极利用政务微博开展舆论引导，客观公开事件过程，及时处置公众关切，使之成为政府面对地方突发事件的有力武器。

第三，服务精准性高，是推进基层治理的重要举措。相较于上级政府部门政务微博受限于信息来源少、辐射范围窄，但同时却有着“少而精”的特色，能更加精准地聚焦到当地特色、亮点工作、群众需求，让账号内容更加接地气，更能洞察和反映出当地群众的实际需求，使平台的地域属性更为鲜明突出、服务的精准性更高。基层作为社会治理的核心，无论是传达方针、传播工作还是宣传活动、解答问题，都要求更加贴近群众，所以政务微博的工作方向也须下沉。但就目前现状，大多数政务微博的功能还不够全面，尤其在政务服务上存在较大空缺，使微博仅仅是信息传播的工具，而不是政务服务的帮手。因此，强化政务微博的精准服务功能，有效推进政务微博助力基层社会治理工作，是后续政务微博发展的一大关键。

（3）政务微博运营的基本原则。服务本地原则。要结合本地区的实际情况推进政务微博的发展，本土化的信息资源、地缘特征的产品、特色的文化遗产是发展政务微博的最大优势，要充分发挥到信息传播和服务拓展中，提供的信息要以本地区为主，提供的服务也要尽可能精准定位于本地区公众。此外，在保障服务本地的前提下，还可以不断扩大微博辐射范围，提高其对周边地区的影响力。公共利益原则。政务微博作为网上政府的衍生和载体，亟需树立公共利益导向，确保政务微博工作核心以快速响应群众需求，提供便捷的公众服务为主。政府部门要充分运用政务微博的特点，以公众利益为目标，以群众需求为导向，以用户体验为载体，增强服务意识，提高服务水平。政务至上原则。政务微博因公共事务而设立，在运营中的重要职责是辅助政务工作，在定位和规划中应该以此为立足点。在政务微博运营中，要围绕着本部门的职能、业务属性拓宽政务微博线上服务功能，体现政府部门的公信力、权威性，做好网上政务服务平台。

（4）优化政务微博用户运营。

第一，提高服务公众能力。政务微博作为一个永不闭幕的“政务服务窗口”，是“互联网+政务”模式发展的产物，构建了一个与政府面对面交流的社交平台，使公众不仅能快速了解所需要的政府信息和服务，还实现了政民间的有效互动。

首先，要着重培养领导干部的服务理念、服务意识。从观念上深刻认识到政务微博开设初衷以及服务属性，遇到涉及公众利益问题时学会站在公众角度思考问题，从而在行动上做到积极协调、妥善解决公众难题，促进办事态度的改善和办事效率的提升。政务微博代表的是政府部门在公共事务中的立场、作为和态度，因此，各部门政务微博的负责人与运营人员还要深入了解自身的职责使命，从岗位职责出发确立可行的目标，建立有特色的政务微博信息形式或者其他服务方式，使政府微博的内容更细化、更人性化。

其次，要关注公众实际需求。政务微博运营工作要及时了解和收集公众的意见反馈，政务微博为政府跟踪信息传播情况提供了实时的监测工具，能够直观看到搜索指数、阅读习惯、舆论评价等信息。考虑到用户对信息的选择更倾向于个人需求，甚至把其作为娱乐方式，视信息内容为“消遣”时，泛娱乐化的、虚构的、吸引眼球的内容容易充斥网络，影响公民的思辨能力，这时就需要政务微博发挥中间人的作用。因此，政务微博在信息选择和收集上，要及时筛选有效信息与无效信息，深挖有效数据价值，及时满足公众对政务信息的需求，做好正能量的宣扬和引导，共同构筑积极向上的网络文化。

最后，要维护好保障好公共利益。政务微博要主动与时代接轨，利用数据分析，云端技术，AI 技术等新科技，在涉及公共利益的信息上，通过政务微博舆情监测，了解用户对相关政策及内容的接受程度，通过适当的内容发布形式，让用户成为信息内容的参与者、传播者，从而提升用户对政府工作的理解度和支持度，辅助政府施政行政，推进公共效益最大化。

第二，提升公众参与意愿。政务微博距离基层更近，辐射范围更聚焦，亲切感更高，但用户参与率、互动度却不高。有学者发现政民有效互动，必须基于两个关键前提：

一是，面向全体公民，做到平等对待、积极回应。新公共服务理论强调政府部门的回应是针对公民而非顾客或用户，不仅仅对咨询或反馈的公民作出回应。所以当政府部门执行公共服务职能时，要公平对待全体公众，尤其要关注不同层级、不同领域的公民声音。政务微博需要关注的用户也不单单是“粉丝”，而应该把目光聚焦到本地区的全体公民。他们都有与政府接触的合理性，要仔细倾听他们的意见反馈，及时了解意见背后表达的利益诉求，适当地做好引导和调控，以交流对话的形式，发挥政府部门在社会舆论引导方面的作用，鼓励更多的公民通过政务微博履行他们作为公民的社会责任，从而形成良好社会风气。

二是，聚焦社会问题，搭建集中发声平台。可以通过主动设置话题栏目，就涉及公众利益的政府决策、时事热点等公众关注度较高内容，组织线上问政会、网络投票、直播等形式，鼓励不同群体公民参与，体验完整的公共服务流程。久而久之，公众能更好地接受和理解政府的决策和行为，也能促使微博成为公众发声的聚集地，扩大其影响力。

第三，健全互动反馈机制。政务微博应扩大和加强政府与群众之间的对话交流，增强政民互动性，提高网民参与度，从而推进政务微博向第三阶段迈进。健全的互动反馈机制，作为微博发展的战略重点，应当积极响应公众的参与需求，进一步提升微博的影响力。

首先，将回应行为纳入政务微博的运营规范，通过规范的机制对回应的时限、方式、条件等进行明确，特别是那些用户关注的热点民生话题，要坚持正向、积极、准确地给予回应，解答公众疑惑。此外，对于用户的投诉、举报等内容，要定期进行汇总、分类，属于本部门职责的要第一时间做好答复和整理，需要其他部门处置的要同步做好转交，确保在规定时间内给用户明确的答复，从而不断扩大政府部门网上公信力，提升用户使用积极性，进一步树立权威、善治的政府形象。

其次，建立明晰的责任机制，对运营团队实行定期考核，将政务微博回应工作落实到具体岗位上，考核内容包括用户满意度、内容原创度、公众答复数、舆论引导情况等模块，特别是在互动答复上加重考核比例，通过政务微博主管部门以及公众或第三方组织的共同评价监督，提升政务微博运营成效，提升运营人员答复积极性，让运营人员及时为公众答疑解惑成为工作常态。以美国国务院为例，坚持在新媒体账户签名档公示当天运营人员信息，有效落实了运营人员管理责任，也为公众实行监督提供了新的途径。

最后，优化政务微博内容运营。

一是，准确定位发布内容。政务微博应准确定位发布内容，重点发布简单易懂的政务职能信息，并适当增加信息资讯发布的比重，切实发挥政务属性。同时，要注意精减提炼，突出核心字词，让公众和相关部门能快速获取需要了解的信息。另外，政务微博还应及时对社会热点、突发事件的舆论引导，针对某一突发事件，及时与相关部门对接核实，并且以最快速度发布消息，给围观受众尽量详细、准确且快速的消息传递。还可以针对当下的热点问题或舆情事件，深入剖析，为公众预警，提前给予引导。最后，政务微博还可以生动地宣传城市形象和文化推广，发布民风习俗、景点介绍等，展示城市风貌、城市文化。同时，生活服务类软文微博要把握好“度”，不能喧宾夺主。

二是，完善信息服务模式。政务微博不仅面向政府从业人员，还需关注学生、企业和工人等群体的信息需求。发布信息时，可设置“关键词”“主题”，便于用户阅读。运营人员需注意发布时间，以提高阅读量和效率。加强专题运营，通过固定话题、专栏提高用户熟悉度，培养阅读习惯。政府部门可利用政务微博主动设置议程，及时回应公众关切。线上线下联动，收集公众看法与反馈，展现现实事件议程，通过公众参与了解其态度和建议，促进反思。

三是，加强公众对内容关注度。加强内容质量管理，整合信息，寻找政务与社交契合点；完善信息获取途径，鼓励原创，与融媒体中心、党政机构合作；区分政务微博，注重地域特色和公众生活相关度；注重内容与形式的结合，增加图片、符号、视频等元素。

第四，优化政务微博平台运营。为提高政务微博的传播效力，必须充分利用其各种功能，并结合实际情况进行精准运用。近年来，微博平台不断更新完善，如设置了展示窗口、官网链接推荐、阅读量统计等功能，这些都为政务微博的运营提供了便利。

政府部门应充分利用这些辅助功能，例如展示相关部门微博窗口，政府门户网站链接推荐等，整合多平台电子政务，促进平台间的联动合作，提升政府工作的透明度。同时，政务微博还应注重在政务服务办实事上下功夫，将政务微博的建设应用与业务处置有机结合，特别是要做好事关民生信息的发布以及线上民生事项的办理。

在队伍管理上，应加强培训管理，提升运营人员媒体综合素养，并从薪资待遇、明确奖惩、人才引进等方面入手，提升政务微博运营人员的工作动力。此外，还可以参考其他县市区经验，通过选择服务外包形式购买专业服务，做到专业的事让专业的人来做。

为了满足群众多样化和个性化的服务需求，政府部门应积极推进政务微博与政务网站、微信、抖音、电视等媒体的联动合作，促进强强联合，取得双赢。同时，政务微博还应加强与传统媒体的合作，实现优势互补。

2. 媒体机构官方微博内容运营

以凤凰网娱乐官方微博为例，他是凤凰网旗下娱乐频道在微博平台中运营的新媒体官方账号，属于媒体机构官方微博，以新闻资讯、原创报道等内容为主。凤凰网于 1996 年成立，总部位于香港特别行政区，是跨门户网站、手机网和视频平台的网络新媒体公司，以“中华情怀，全球视野，兼容开放，进步力量”为理念，致力于生产并提供优质内容和服务。凤凰网娱乐立足于全球华人娱乐视角，内容涵盖明星、电影、电视、音乐、访谈、综艺、演出等，致力于呈现全景娱乐生态，以最快速、最深入的方式提供热点事件、娱乐新闻和专题报道，主动探究内部价值及其延伸的社会意义。其官方微博账号“凤凰网娱乐”是依托于此创建的新媒体账号，属于媒体机构官方微博，也就是媒体在微博平台中，以自身组织的名义而非个人名义注册并运营的官方微博，一般具有机构微博认证，发布的内容和参与的活动也代表着媒体的宗旨、立场和价值方向。

（1）凤凰网娱乐官方微博的定位。凤凰网娱乐官方微博因其媒体属性与娱乐垂直领域属性的双重定位，在风格上既有严肃的新闻资讯，也有通过活泼形式的话术和受众互动的内容，从每日热点资讯，到#idol 聊天室#等原创话题，官博涵盖了较为全面的娱乐资讯，体现了凤凰网娱乐官方微博的娱乐媒体属性，力求塑造品牌形象，吸引受众产生共鸣，加深对媒体本身的认知。在其他同类微博中，新浪娱乐、爱奇艺娱乐、网易娱乐频道等媒体官方微博主要以新闻资讯为主，橘子娱乐、会火等自媒体除了资讯内容外，更依赖于通过生产原创内容提高品牌知名度，获取用户留存和品牌化效果。

凤凰网娱乐立足全球华人娱乐视角，受众定位为关注娱乐资讯、产品、电影、电视等内容的互联网用户群体，官博依据定位方向，及时发布最新资讯、生产优质内容。

（2）凤凰网娱乐官方微博的功能。

第一，舆论环境监控功能，凤凰网娱乐有着较大的粉丝基础，其同级矩阵凤凰网财经、凤凰网视频、凤凰网科技等频道也有着较高关注度和较好的口碑，上层矩阵凤凰网、凤凰卫视在受众心中有着一定媒体公信力。凤凰网娱乐官方微博每日收集和发布新闻内容，用户忠诚度高且参与性强，发挥了信息传递与环境监控的功能。

第二，协调社会功能，凤凰网娱乐官方微博在内容运营与用户反馈中发现新闻市场需求，同时也在不断改进运营手段以适应环境需要。

第三，文化传承功能，凤凰网娱乐官方微博发布的内容遵循社会主流价值观与正能量，在重大新闻发生时能够做到及时报道，并跟踪事件的后续进展，一定程度上对受众起到了价值行为规范作用，潜移默化地发挥着引导功能。

第四，提供娱乐功能，也是凤凰网娱乐官方微博的主要功能定位，为受众在娱乐垂类下提供客观及时的新闻资讯，记录娱乐领域的发展变化，丰富受众生活，持续保持自身在微博平台和媒体中的影响力。

（3）凤凰网娱乐官方微博的内容运营过程分析。

第一，内容策划方面，凤凰网娱乐官方微博注重选题策划，通过新闻资讯、原创报道等内容为主。在选题策划过程中，需要根据微博定位功能选择适当的内容选题进行发布传播。

第二，形式创意方面，凤凰网娱乐官方微博在发布形式上采用图文、长图、视频、投票、互动等多种形式。

第三，话题设置方面，凤凰网娱乐官方微博会独家策划“母话题”，建立自己的内容阵地。

第四，内容编辑方面，凤凰网娱乐官方微博在编辑微博内容时，以短而精练的内容为标准，力求内容简洁、观点鲜明、主旨突出。

（4）凤凰网娱乐官方微博内容运营模式改进策略。

第一，内容贴近真实环境，打破刻板印象认知。微博内容运营的核心要点在于保持客观性、全面性和互动性。首先，媒体官方微博应避免加入个人感情色彩，以中立客观的态度阐述事件经过。其次，内容运营者应积极接纳受众反馈，及时止损，以确保信息的真实性和规范性。此外，媒体报道应挖掘事件的来源和信息全貌，拓展信息来源渠道，丰富信息内容，从而避免受众形成刻板印象认知。同时，受众在接收信息时，应具备拟态环境意识和独立判断能力，主动关注新闻事件的后续发展，避免被议程设置推着走。最后，媒体在信息整合编辑过程中，应努力还原事件全貌，缩短拟态环境与客观世界之间的距离，为受众提供客观全面的新闻事实。

第二，严格把关内容真实准确性，提升内容质量。加大审核和监管力度，包括对用户的实名认证，对官方微博的企业认证，以及对粉丝数量庞大的媒体官方微博施行更高的监管力度，对虚假、不实信息及时标注或删除，必要时对相应账号作出警告或冻结处理，合理进行平台监管，并保护用户的言论自由和隐私信息。面对突发事件要保持冷静的心态，不盲目跟随或直接黏贴其他媒体报道，从专业新闻调查的角度出发，必要时可以发动媒体团队其他编辑与运营人员共同探寻新闻真实性，明确分工，快速寻找新闻源和新闻中涉及的人物，全面了解新闻真相。同时，媒体在微博内容发布前，应仔细审核内容中是否有语句歧义、错字、重大失误等，避免因审核不力而造成的新闻报道失误现象。

受众可以正确运用反馈机制，通过多条反馈路径反馈到微博运营方、新闻源媒体及事件相关人士，起到对信息的舆论监督功能。但是，这种反馈机制也需要掌握一定的度，避免部分受众因不满新闻本身而盲目指责新闻虚假，产生情绪化的抵触或冲动心理，甚至出现举报、肆意散布谣言等行为。

第三，辩证看待受众反馈，发挥社会责任与媒体价值。媒体在接收受众反馈时，应辩证看待，有选择地吸取意见。凤凰网娱乐官方微博作为发声人，应主动挖掘新闻背后的故事或最新进展，而非完全跟随受众反馈。对于低俗阅读需求，微博运营方应避免传播，因为长期来看这有损媒体形象。好的内容、新闻切入点、及时报道能获得更好的传播效果和受众认同。媒体有舆论引导功能，尤其是大V媒体。迎合受众可能短期获得好效果，但长期会损害媒体的公信力，影响社会舆论环境。为了长远发展，媒体应坚持新闻专业主义和职业道德，承担社会责任，发挥媒体价值。

反馈渠道在运营体系中很重要，可进一步优化内容运营与传播过程。微博的反馈渠道包括评论、转发、点赞等。运营者应通过收集反馈、了解各渠道特性来完善反馈渠道，对内容及时调整。例如，微博评论是个人态度，转发有呼吁性质，私信可能更私密或“激进”。增设间接反馈渠道如投票、采访等有助于发现问题。设置常规固定信息反馈渠道如邮箱等，方便受众有效反馈重要信息。

第四，充分利用模式运行机制，整合资源优势形成品牌特色。微博内容运营的过程中应该以自身定位为基础，前期重点分析受众属性，力图受众群体与品牌优势相结合，对微博的内容方向进行把控，打造品牌核心价值，让受众感受到与其他同类微博的差异化优势，适当互动增强受众黏性。

不断生产和强化专属IP产品概念，以媒体自身资源优势与社会知名度为依托，策划符合定位的品牌栏目，不断强化品牌概念，形成具象化的内容和IP产品。例如，阶段性地生产原创策划内容，建立精选话题并不断扩充话题中的微博内容，此外，对新闻事件及其后续进展的持续报道也可以加深受众对媒体品牌的记忆。

官方微博的品牌特色塑造方式潜藏于内容运营模式中的每一处，从日常选题策划，到内容编辑、原创内容的生产，再到受众反馈，都在影响着微博的品牌形象。分析微博内容运营现状，不断进行优化升级，对细节进行完善，建立指标评价体系，在指标中量化分析工作内容，并对其进行科学地优化调整，归纳新闻价值要点，总结如何跟进新闻事件的方法，理清主体元素之间的逻辑关系，能够为运营工作提供内容梳理的方向，也为运营者客观公正地对待微博内容运营，科学规划微博内容运营过程提供参考。微博内容运营模式也应结合新闻选择、编辑、发布等手段及运营过程建立具体的指标评价体系，阶段性地依据体系进行考核，及时优化体系中的指标内容，推动微博内容运营的升级和优化。

第五，媒体与受众提高媒介素养。提升媒介素养、重视新闻专业主义也是对微博内容运营模式主体及运行机制的优化与纠偏，如对运营方C编辑人员进行适当培训和岗位的及时调整，或保证参与微博内容运营模式的人员具有稳定性，都是微博内容运营保持稳定性的重要基础。

在受众方面，受众在使用媒介的过程中也应提升自身素养，正确运用微博内容运营模式中的各个反馈环节是十分必要的，避免产生冲动的个人情绪，理智看待微博环境中出现的各种类型内容、各界声音。

受众在突发公共事件内容的传播中的双重性和多变性角色也需要得到正确的引导，同时也需要主动提高个人媒介素养，尤其以传者身份发布具有新闻价值的内容时更应做到认真严谨，尽量避免造成舆论恐慌。在接收信息时，受众还可以有意识地选取公信力较高的微博以获取信息，或及时通过正规渠道鉴别事件的真伪，这在一定程度上能够获得经筛选过滤生成的真实信息，同时避免谣言散播，充分发挥公众的话语价值。

第二节　微博运营的工具

一、微博运营工具的基本功能

第一，内容管理工具。内容管理工具可以帮助运营者高效地发布和管理微博内容。这些工具通常具备以下功能：①定时发布。允许运营者提前安排微博的发布时间，确保内容在最佳时机呈现给用户。②多账号管理。支持同时管理多个微博账号，方便运营者在不同账号间切换和同步内容。③内容审核。提供内容审核功能，确保发布的微博符合平台规定和品牌形象。

第二，数据分析工具。通过数据分析工具，运营者可以深入了解用户行为、内容表现和账号运营情况。主要功能包括：①阅读量、转发量、评论量统计。实时跟踪微博的阅读量、转发量和评论量，了解内容受欢迎程度。②用户画像分析。分析粉丝的性别、年龄、地域分布等特征，为内容定制和精准营销提供依据。③竞品分析。监测竞争对手的微博账号和内容表现，发现市场趋势和机会。

第三，互动交流工具。互动交流工具可以帮助运营者更好地与用户沟通和互动。主要功能包括：①自动回复。设置关键词自动回复，快速响应用户的咨询和问题。②私信管理。集中管理私信消息，提高与用户沟通的效率和质量。③话题标签管理。创建和管理话题标签，引导用户参与讨论和分享。

第四，广告投放工具。微博广告投放工具可以帮助运营者将内容精准推送给目标受众，提高品牌曝光度和转化率。主要功能包括：①定向投放。根据用户兴趣、地域、性别等特征进行定向投放，确保广告内容触达潜在客户。②预算管理。设定广告预算，实时监控广告消耗和效果，优化投放策略。③效果追踪与分析。追踪广告点击率、转化率等关键指标，评估广告投放效果。

第五，危机管理工具。在面对负面舆论或危机时，危机管理工具可以帮助运营者迅速响应和控制局面。主要功能包括：①舆情监控。实时监测网络舆情动态，及时发现潜在危机。②预警机制。设置预警关键词和阈值，当出现异常情况时及时通知相关人员。③应急响应。提供应急预案和操作指南，协助运营者迅速采取行动应对危机。

第六，创意设计工具。为了吸引用户的注意力和提升内容质量，创意设计工具在微博运营中发挥着重要作用。主要功能包括：①图片编辑。提供丰富的图片编辑功能，如裁剪、滤镜、贴纸等，美化视觉效果。②视频剪辑。支持视频剪辑和特效添加，打造有趣且专业的视频内容。③H5 页面制作。提供 H5 页面制作工具，轻松创建互动性强的宣传页或活动页面。

第七，API 接口工具。对于高级用户或企业用户来说，API 接口工具可以提供更多自定义和灵活性。通过 API 接口，可以实现与其他系统的数据交互和集成，如 CRM 系统、ERP 系统等。主要功能包括：①数据同步。将微博数据同步到其他系统中，实现数据共享和分析。②自定义功能开发。根据业务需求开发自定义功能，提升运营效率和用户体验。③自动化流程设置。设置自动化流程以简化重复性工作，如自动回复、自动点赞等。

综上所述，微博运营工具的基本功能涵盖了内容管理、数据分析、互动交流、广告投放、危机管理、创意设计以及 API 接口等多个方面。这些工具的使用可以显著提高微博运营的效率和质量，帮助运营者更好地与用户互动并实现品牌目标。然而，在选择和使用这些工具时，应根据自身业务需求和实际情况进行综合考虑和评估。

二、微博运营的官方工具

（一）舆情通

舆情通是一种基于微博平台的舆情监控工具，它能够实时监测网络上关于特定事件、品牌或人物的言论与情绪，帮助企业或政府部门及时发现并应对可能的舆情危机。舆情通具备情绪分析、话题追踪、影响力分析等功能，它可以帮助运营者了解公众对某一事件的看法，进而制定相应的公关策略或市场策略。

舆情通在微博运营中的应用主要是帮助运营者及时捕捉舆情变化，特别是在有重大事件发生时，舆情通能够提供实时的情绪分析，帮助运营者及时响应，防止不良舆情的扩散。例如，当企业发现负面新闻时，可以通过舆情通分析网友的情绪走向，并据此制定危机公关策略。

1. 核心功能

（1）舆情监测。通过设置关键词，即可实现对全网文本、图片、视频舆情的实时监测。

第一，视频监测。基于监测关键词，通过先进的音视频处理技术，智能识别视频内容舆情，支持追溯视频来源，跟踪其在各平台传播情况。

第二，热搜监测。实时获取热搜资讯，热搜榜单预警。一站式展现微博、短视频等多平台热搜榜单，快速呈现当前热点事件等，并支持热搜榜单预警。

第三，来源监测。定向监测指定信息来源。不需要设置关键词，便可对指定信源进行监测，查看该来源的最新信息。

（2）舆情预警。根据用户预先设置的预警条件，智能判别舆情信息，并将符合条件的信息，第一时间通过多渠道告知用户，方便用户及时知晓。①分钟级预警速度；②网站、论坛等信息源最快可 2 分钟轮询 1 次，微博平台实时检索；③支持微信、钉钉、弹窗、短信、邮件、App6 种渠道下发预警；④可配备专业人工预警团队，精准筛选、推送信息，有效防止遗漏。

（3）舆情分析。五类大数据分析，满足政企客户多种分析需求。

第一，全网事件分析。快速找出某个网络事件在全网的信息传播源头。分析事件在互联网中的整体传播情况，快速找到事件传播源头，跟踪事件传播路径。

第二，微博事件分析。快速找出某个网络事件在微博传播中的信息首发账号。对某一事件在微博上的传播情况进行分析，以图表形式呈现多维度分析报告，帮助追溯传播源头及了解网民主要情绪与观点。

第三，微博传播效果分析。快速了解某条微博在微博上的传播路径，洞察用户偏好。对单条微博在微博的传播情况进行深度梳理，分析呈现传播路径、转发层级、引爆点、微博网民观点、微博网民情绪等维度数据。

第四，竞品分析。快速查看竞品相关信息在互联网上的传播概况。对不同品牌、产品或事件，从传播走势、媒体传播情况、正负面信息等多个维度进行对比分析。

第五，评论分析。快速了解主流新闻网站中某条新闻的评论内容及态势。对主流新闻网站中的单篇新闻评论内容进行分析，自动生成多维度的评论分析报告。

（4）舆情报告。微博舆情报告，为人们提供全方位的舆情监测与分析服务。在这里，人们可以轻松地一键生成简报，也可以享受到专业舆情分析专家量身定制的深度报告。致力于帮助人们及时了解并掌握舆论动态，为人们的决策提供有力支持。

第一，简报功能：个性化定制，多维度全面分析。微博舆情报告简报功能，可以快速获取关注的舆情信息。可以根据需求，自定义多维度、多种图表的组合搭配，可以全方位、多角度地了解舆情走势。通过简报，可以及时了解热点话题、热门事件，以便做好舆论应对策略。

第二，订阅报告：满足政企机构日常报告需求。微博舆情报告订阅功能，提供日、周、月、季度及年度报告，满足政企机构日常舆情监测需求。订阅报告提供一站式舆情管理服务，让人们时刻掌握舆论动态，助力企业稳健发展。

第三，人工定制报告：专业团队量身打造。针对人们的个性化需求，微博舆情报告提供人工定制报告服务。多领域专家团队精准把握客户需求，为人们提供“行业+产品+服务+解决方案”一体化定制报告服务。让人们在短时间内获取深度舆情分析，为决策提供有力支持。

第四，行业舆情案例库：助力舆情应对。微博舆情报告平台自带行业舆情案例库，为人们提供丰富的舆情应对参考。人们可以从实际案例中汲取经验，提升企业的舆情应对能力。同时，案例库还将不断更新，紧跟行业舆情发展趋势。

总之，微博舆情报告提供一站式舆情监测、分析与应对服务。无论是快速生成简报，还是订阅报告，或是人工定制报告，都能量身打造。让人们在风云变幻的舆论场上，始终保持敏锐的洞察力和决策优势。

2. 辅助功能

（1）全文搜索。快速查询关键词的全网声量与信息走势。检索全网相关信息，支持精准查询与模糊查询。

（2）数据大屏。多维度数据大屏，为舆情热点发现、重点舆情监测，及时应对提供便利化方案。支持根据需求，自定义展示维度。

（3）以图搜图。通过图片或图片链接，快速找到相似图片，并跟踪其传播链路。

（4）热度指数。展示本区域内的热点事件。同时，通过地域、事件、品牌等关键词搜索，展现事件的热度指数、指数变化趋势及关键词云。

（二）微指数

微指数是微博平台上的一个数据分析工具，它可以评估特定话题或账号的影响力与传播效果。通过微指数，运营者可以了解到自己在微博上的表现，包括微博的传播范围、覆盖的人群以及引发的讨论程度等。微指数的分析结果有助于运营者优化自己的微博策略，提高内容的传播效果。

微指数能够帮助运营者客观评估自己的微博运营效果，通过分析粉丝互动、内容传播等数据，运营者可以对自己的微博策略进行调整，比如增加互动性强的内容发布，减少可能引发负面讨论话题的提及，从而提高整体的运营效果。

（三）微热点

微热点类似于微博上的热点话题追踪系统，它能够显示当前网络上最为流行和讨论度最高的话题。运营者可以利用微热点来发现和跟进当前的流行趋势，使自己的微博内容更加贴合用户的兴趣，提高内容的吸引力和参与度。

使得运营者能够及时发现并利用微博上的热点话题，通过与热点话题的关联，可以有效地提高内容的曝光率和用户的参与度。运营者可以围绕热点话题进行内容创作或策划线上活动，借助热点的影响力吸引更多的用户关注。

（四）微博云剪

微博云剪是一个视频剪辑工具，它允许用户在线剪辑视频内容，包括直播剪辑、本地视频剪辑等。微博云剪的特点在于它的便捷性和丰富的功能，用户可以轻松地对视频进行编辑，添加特效等，然后将剪辑后的视频发布到微博上。这对于提高微博内容的质量和多样性非常有帮助，尤其是对于视频创作者而言。

微博云剪则为微博视频创作者提供了便利的视频剪辑工具，让他们能够在平台上轻松地创建高质量的视频内容。这对于提高微博内容的多样性和娱乐性非常重要，也有助于提升用户的参与感和忠诚度。运营者可以利用微博云剪进行高效的短视频制作，加快内容的上线速度，抓住用户的注意力。

综上所述，这四个工具都是微博运营中不可或缺的辅助工具，它们各自在不同的方面发挥着重要的作用，共同协助运营者提升微博运营的整体效果。

三、第三方运营工具

除了微博自身的工具外，还有许多第三方工具或软件可以辅助微博运营。

第一，微撰科技。微撰科技是一家专注于智能写作的平台，它利用先进的深度学习技术，为用户提供了一站式的微博内容策划、发布和数据分析服务。微撰的作文生成技术可以根据主题、文体和风格自动生成相应的内容，大大提高了写作效率和质量。此外，微撰还具备智能文本纠错、改写润色、自动续写等功能，为用户提供了一个高效便捷的写作环境。微撰的服务不仅限于作文生成，还包括营销文章、电子邮件和网站文案的生成，这使得它在内容创作方面具有极高的实用价值。作为一个集成化的服务平台，微撰能够满足用户多样化的写作需求，无论是在教育、媒体还是自媒体领域，微撰都能够提供专业的写作支持。

第二，皮皮时光机。皮皮时光机是一个专门用于微博定时发布的工具，它可以帮助用户有效地管理微博的发布时间和内容。皮皮时光机提供了丰富的定时发布功能，比如单条转发、可视转发、发送记录和互推统计等。这些功能不仅可以帮助用户合理安排微博的发布计划，还可以通过数据分析，帮助用户更好地理解微博互动情况和粉丝行为。皮皮时光机的另一个亮点在于它的用户界面设计，简洁直观的操作让用户能够轻松上手，而且它还提供了庞大的图片数据库资源，用户可以方便地选择适合的图片作为微博配图。总的来说，皮皮时光机通过一系列的定时发布和管理功能，极大地节省了用户的时间，提高了微博运营的效率。

第三，易图网。易图网是一个提供在线图形设计服务的平台，它允许用户通过简单的拖拽、编辑等操作快速制作出美观的微博配图。易图网提供的在线设计工具涵盖了各种场景，包括商业广告、社交媒体、个人博客等，用户可以根据自己的需求选择合适的模板并进行个性化设计。易图网的设计工具通常包含丰富的素材库，如图案、字体、颜色等，用户可以通过这些素材快速搭建出满意的设计作品。这样的在线设计工具非常适合那些没有专业设计背景但又需要频繁更新微博配图的用户。

第四，GIF 制作工具。GIF 制作工具，如 GifCam、LICEcap 等，可以帮助用户制作生动的 GIF 动画内容。这些工具通常易于使用，有的甚至不需要用户提前准备素材，只需在需要的时候启动工具，按照提示操作即可。例如，GifCam 允许用户选择屏幕区域进行录制，然后自动转换为 GIF 格式并保存；LICEcap 则可以在录制时直接生成 GIF，减少了后期处理的步骤。这些 GIF 制作工具的特点是操作简单、功能全面，能够满足不同用户的需求。它们对于想要在微博平台上分享动态图像的用户来说，是非常有价值的工具。

综上所述，微撰科技、皮皮时光机、易图网和 GIF 制作工具都是在微博运营中非常有用的第三方服务和软件。它们各自解决了微博运营中的不同问题，既提高了效率，又丰富了内容形式，是微博运营者值得拥有的工具。

第三节　微博运营的方法

一、微博热搜的运营方法

“微博热搜”，指的是短时间内微博平台用户搜索信息的热度排行，针对搜索引擎带来最多流量的几个或几十个关键词，在综合考量用户搜索、关注、浏览、点赞、评论等行为后，经算法处理推送的搜索量最高的关键词。一方面，微博热搜能够聚焦和放大信息，帮助用户快速从海量信息流中提取有用信息；另一方面，微博热搜根据用户搜索行为生成，某种程度上是微博用户决定了公共议程设置，保障了信息接受者的参与感和话语权。微博热搜榜单，有商业类广告、明星娱乐、地方热点，同时还附加了时政要闻动态，这种多元化的热搜内容引发公众对微博热搜的含混态度。

（一）微博热搜的底层逻辑

"热搜"是新浪微博在2010年上线的一个功能。从设计属性上，它遵循了互联网时代以数据算法为基础的推荐逻辑，满足了受众的个性化信息需求。基于新浪微博"娱乐、生活、快乐"中文社交媒体的产品定位，又大致框定了平台热搜的内容范围。此外，微博热搜具有的议程设置功能释放出一定的商业空间，可以为商家和平台共同带来用户流量和实际收益。

1. 数据算法

微博热搜建立在用户搜索行为之上，其背后依靠的是微博完整的推荐算法系统。根据新浪微博公开信息，目前微博热搜采用的主要是流行度算法，即热搜排序=（搜索热度+传播热度）×话题因子×互动因子。

其中，搜索量是热搜排序的基础，反映出用户对热点的关注程度；传播热度代表博文阅读数量，重点考察热点的覆盖人群；话题因子指单个话题讨论声量；互动因子则关注用户的转赞评数量。换言之，当加入了传播热度、话题因子、互动因子后，微博热搜并不能完全反映出用户的搜索行为，多种因素共同影响热搜排序。同时，并非所有微博用户的搜索行为都会纳入热搜考量范围，算法会从用户群分布、终端系统分布、搜索特征等不同维度选择可信赖的用户，确保热搜内容的真实性和有效性。总之，微博特殊的算法方式助推行为、构造偏好，对平台内的海量信息进行了重新分类。

2. 平台属性

从微博热搜的上榜内容来看，明星八卦、娱乐影视占据大部分名单，这是由微博自身的产品定位所决定的。微博初期引入名人明星、媒体机构充当信息传播者，同时鼓励每个用户发声、分享、评论，形成了一个虚拟场域的公共讨论空间。

2013 年前后，为了实现商业变现，微博迅速调整发展方向：坚持移动优先、扶植垂直领域 UGC、推行文字+图片+视频+直播的综合性内容，从网络新媒体向社交广场转型。伴随着平台用户下沉和粉丝经济崛起，微博确立起社交为主、资讯为辅的发展方向，成为为大众提供娱乐休闲生活服务的信息分享和交流平台。主张娱乐——涵盖最全面的娱乐明星与资讯，生活——反映网民现实生活的点点滴滴，快乐——分享发现身边的趣闻轶事。微博的顶层设计决定了微博热搜以娱乐内容为主旨，也预示了平台扁平化的发展趋势。

3. 商业利益

对于微博热搜而言，短时间内将某个事件推向高潮引发群体关注，这本身就具有新闻议题的制造功能。为此，基于庞大的用户流量，微博热搜开始主动让渡议程设置权赚取商业利益，从而促进平台的盈利增长。目前，付费热搜主要通过两种方式实现：一是官方主导。商家客户直接向新浪微博购买热搜位置，换取平台内所有用户或者区域用户的关注。二是隐匿操作。遵循热搜算法机制，默许第三方机构通过请大 V、买“水军”、刷流量的方式将某个信息炒热。微博热搜同时满足了商家的流量需求和用户的注意力需求，平台则可以源源不断地获取经济收益，因此，围绕微博热搜的内容产业链也愈演愈烈。

（二）微博热搜的运营优化路径

1. 政府要出台措施

微博热搜的健康发展要求政府部门的积极介入。由于微博热搜属于网络新媒体产物，其门槛低、信源多、弱把关等特征与传统新闻媒体平台有所差别，而热搜中的经济利益又会影响社会信息的健康传播，甚至对舆论环境产生重创。

为了更好地营造良好的传播环境，监管部门要出台相关法律法规，明确资本进入热搜的权责范围，在公平正义基础上保障热搜常态化；对失范内容和违法行为给出具体惩罚意见，平台和用户都将承担相应责任。要尽快落实微博热搜的“把关人”角色，设立举报通道维护信息真实有效。

2. 微博平台强化自审自查

新浪微博作为微博热搜的创造者与管理者，肩负着重要的责任。面对当前热搜存在的问题，平台必须采取措施进行整改。

（1）算法本身是中立的，但使用者必须具备正确的价值观，并在引入更多影响因子后加强人工审核，从根源上保证信息质量。对于违规内容，无论热度多高都不应上榜。

（2）平台应对粉丝打榜等行为进行规范，以社会主义核心价值观为导向进行文化引导，并强化明星的社会责任感。

（3）微博热搜应创新盈利模式，平衡商业与公共利益，避免过度商业化。通过精准定位用户需求，实现热搜榜单的个性化定制，既满足商业需求也让更多用户受益。

3. 个人媒介素养亟待加强

自我媒介素养的提升是微博热搜改善的外部驱动力。微博热搜是伴随移动互联网高速发展起来的，其形态变化也与我国互联网大潮并行不悖，如自媒体、算法推荐、短视频、直播带货等。这种快速变化实则对个体使用媒介的能力不断提出新要求，而用户的媒介素养不可能一步到位。用户在微博热搜使用过程中，要建立自我把关的底线原则，拒绝与低俗化内容合流，也要保持反思和质疑精神，不要盲目轻信热搜内容，减少对热搜榜单的依赖。

二、微博超级话题的运营方法

超级话题，是新浪微博于 2016 年推出的基于共同兴趣、话题和互动功能于一体的社区，简称“超话”。“微博超级话题是微博用户基于共同兴趣而聚集在一起形成的社区，在超级话题中可以持续获取话题的相关信息。”①

“超话”是依托于互联网技术在微博平台上形成的虚拟社区，在社区中，用户可以进行双向的互动交流，同时可以持续关注自己感兴趣的人物和事情，是各行各业共同兴趣爱好者们的聚集地。话题是以#话题词#来表示的，超级话题的符号经过修改后，最终是以类似钻石的形状+话题词所组成的超链接。

---

①王丽洁．基于微博平台的超话社区运营探析[J]．视听，2021，(11)：128.

超级话题是在微博大的开放平台中形成的一个个小圈子，只有对该话题感兴趣或有需求的人才会关注。超话社区在微博这一开放的平台上具有相对的私密性。关注超话后在个人主页会显示相关的超话社区，在个人微博的关注首页也会随机刷新几篇超话内容。在超级话题中发帖可以关联其他话题，也可以选择仅发布在超话中或者同步至自己的微博主页，而用普通话题发布的内容则必须要出现在个人主页中，在超话中发帖适合“圈地自萌”而减少不必要的争吵。

（一）微博超话的使用动机

微博超话作为微博平台上的一个重要功能，为用户提供一个围绕特定主题或话题进行交流和分享的社区空间。用户参与微博超话的动机多种多样，下面将从社交需求、兴趣爱好、信息获取和自我表达等角度进行详细阐述。

第一，社交需求。①寻找归属感。天生具有归属和社交的需求。微博超话作为一个围绕特定主题的社区，能够让用户找到志同道合的人，从而满足他们的社交需求。②建立人际关系。在超话中，用户可以与其他成员建立联系，通过互动和交流，逐渐建立起信任和友谊的关系。③寻求支持和帮助。当用户遇到问题或困难时，他们可以在超话中寻求帮助和支持。其他成员会积极回应和提供帮助，形成一种互助互爱的氛围。

第二，兴趣爱好。①分享兴趣。微博超话为用户提供了一个展示和分享自己兴趣爱好的平台。用户可以发布与主题相关的内容，与其他成员分享自己的见解和经验。②发现新内容。通过浏览超话中的内容，用户可以发现与自己兴趣相关的新内容和新观点，从而拓宽自己的视野和知识面。③参与话题讨论。超话中的话题讨论往往非常热烈，用户可以参与其中，与其他成员展开深入的交流和讨论，提升自己的思考能力和表达能力。

第三，信息获取。①获取专业知识。很多微博超话都是围绕特定领域或主题的，用户可以通过参与这些超话，获取到该领域或主题的专业知识和最新资讯。②了解社会热点。微博超话中经常涉及各种社会热点和时事话题，用户可以通过参与这些超话，了解到最新的社会动态和热点事件。③获取个性化推荐。微博超话根据用户的兴趣和行为习惯，为用户推荐相关的超话和内容，帮助用户获取更加个性化的信息和服务。

第四，自我表达。①展现个性。微博超话为用户提供了一个自由表达的空间，用户可以通过发布内容、参与话题讨论等方式展现自己的个性和独特见解。②获得认同感和成就感。当用户的内容得到其他成员的认可和赞赏时，他们会感到一种认同感和成就感，这有助于提升用户的自信心和满足感。③塑造个人品牌。对于一些有特定专长或兴趣的用户来说，他们可以通过参与微博超话来塑造自己的个人品牌，提高自己在该领域的知名度和影响力。

（二）微博超话的运营模式优化

第一，内容生态建设。优化超话的内容生态，鼓励原创性和多样性的内容产出。可以设立内容奖励机制，比如优秀内容的推荐、打赏、流量支持等，以此激发用户创作的积极性。同时，加强对低质量、重复、垃圾信息的清理，保持超话内的内容健康和秩序。

第二，互动机制创新。改进超话的互动方式，增加用户之间的互动频率。例如，引入话题挑战、问答互动、投票调查等形式，让用户在参与讨论的同时，也能感受到社区的活跃和乐趣。

第三，用户分层管理。根据用户的活跃度、贡献度等指标，将用户分为不同的层级，给予不同级别的用户不同的权益和责任。高层级用户可以获得更多的内容展示机会、特权标识等，而新用户则需要通过一定的贡献积累来提升自己的等级。

第四，数据分析应用。运用大数据和人工智能技术，对超话的用户行为、内容表现进行深度分析，从而为运营决策提供数据支撑。通过对用户兴趣的精准把握，可以推送更加个性化的内容，提高用户的满意度和留存率。

第五，品牌合作拓展。与品牌商合作，开展联合营销活动，不仅可以为超话带来更多的资源和曝光，同时也能为品牌商提供一个精准触达目标用户的平台。合作形式可以多样，包括但不限于内容赞助、活动推广、联名话题等。

第六，社区文化培育。构建积极向上的超话文化，倡导文明讨论、尊重他人、分享知识等价值观。通过举办线上线下的社区活动，增进用户之间的交流和了解，增强社区的凝聚力和向心力。

第七，技术支持强化。持续优化超话的技术平台，提升用户体验。例如，改善页面加载速度、优化搜索功能、增强移动端适配等，让用户在使用超话时更加流畅便捷。

第八，版权保护机制。建立健全的版权保护机制，保护创作者的合法权益。对于侵权行为，要及时进行处理，维护超话内的知识产权秩序。

三、微博的粉丝运营方法

（一）粉丝运营可行性分析

为了提升新媒体粉丝运营效率，以新浪平台某摄影类微博为代表进行粉丝运营方案设计。在运营前对该账号进行代表性、可行性检验。

1. 粉丝运营对象分析

微博信息类型主要是以图片、文字、短视频为主，并且信息主题多样化，而摄影类微博的内容就是图文，并且摄影类主题也是多样化，面向群体广泛。加上该类账号粉丝行为可识别、可计量，用户行为明确，为后期会员分析提供便利条件。摄影类的微博账号在中国影像界也拥有足够的流量，自媒体行业的火速发展，虽然规模呈现垂直领域快速扩张趋势，但是粉丝会员的整体质量仍然存在较大差距，也存在着对门槛低眼界高的用户具有十分现实的社会商业化流程。

微博运营前处于睡眠阶段，账号发布内容与垂直领域的分类不同，转发内容大于原创内容，粉丝活力低下，活跃粉丝每天都有流失。账号数据集适中可以进行粉丝群体分析、粉丝行为画像分析，为运营验证提供可行性。

2. 粉丝现状分析

在当今的网络社会，粉丝经济日益繁荣，粉丝群体呈现出多样化的社会属性分布。其中，博主的作用不容忽视。他们通过分享自己的生活、观点和兴趣爱好，吸引了大量的粉丝关注。当博主的活跃度达到平台规定的推荐额度时，他们就能满足新注册用户推荐的要求，从而实现平台推荐的引流目标。

（1）粉丝社会属性分布的多样性。

第一，年龄层分布。粉丝群体涵盖了各个年龄段，从青少年到中老年人，他们关注的内容和喜好各有不同。年轻粉丝更喜欢潮流、娱乐、时尚等领域的博主，而中年粉丝则更关注生活、教育、职场等方面的博主。

第二，地域分布。粉丝群体遍布全国各地，甚至包括海外华人。地域差异使得粉丝们对博主的审美、价值观和文化背景有不同的认同感，这也为博主提供了更广泛的发展空间。

第三，职业分布。粉丝群体涵盖了各个职业领域，包括学生、上班族、自由职业者等。不同职业的粉丝对博主的内容需求和价值观有所差异，博主可以通过针对性地提供相关内容，来吸引更多粉丝关注。

（2）博主活跃度与平台推荐的关系。

第一，博主活跃度的重要性。博主在平台上的活跃度，直接影响着他们的曝光率和知名度。只有保持高活跃度，才能让更多的用户注意到他们的存在，从而增加粉丝数量。

第二，平台推荐机制。平台会根据博主的活跃度、粉丝增长速度、内容质量等因素，来进行推荐。当博主的活跃度达到平台规定的推荐额度时，他们就有机会获得更多的曝光，吸引更多新粉丝。

第三，博主与平台共赢。博主通过提高活跃度，实现平台的推荐目标，从而获得更多的粉丝和关注。平台则通过博主的优质内容，吸引了新注册用户，提高了用户活跃度和黏性。

（二）粉丝运营的优化策略

1. 提升内容形式与质量

内容是吸引粉丝的核心，想要在众多声音中脱颖而出，需要定期发布高质量、有价值的内容。

内容的形式可以多样化，图文、视频、直播等都是不错的选择。图文内容可以通过视觉和文字的结合，快速传递信息，引发读者的兴趣；视频内容则更加生动直观，能够更好地展示产品或服务的特点和优势；而直播则能够实时互动，拉近与粉丝之间的距离。

然而，仅仅制作内容并不足够，发布的时机同样重要。需要了解粉丝们在什么时候最活跃，然后在这个时间段发布内容。这样内容就能够在粉丝们最容易看到的时候出现，从而增加曝光率和点击率。

当然，内容的质量只有提供有用的信息或娱乐价值，才能真正吸引粉丝的关注。可以通过调查问卷、社交媒体互动等方式了解粉丝的需求和兴趣，然后制作符合他们口味的内容。同时，保持内容的更新频率也很重要，定期发布新的内容可以让粉丝们保持关注和期待。

2. 互动交流的深度探索

真正的互动并不仅仅停留在简单地回复评论或转发微博上，它更是一种情感的交流，一种心灵的连接。需要更深入地探索互动交流的可能性，以建立更紧密、更有意义的关系。

私信交流是一种更为私密、个性化的互动方式。通过私信，可以直接与粉丝建立联系，了解他们的真实想法和感受。这种方式不仅让粉丝感受到被重视和关心，也为品牌提供了宝贵的反馈和建议。同时，定期举行的互动活动如抽奖、问答、话题讨论等，能够进一步提高粉丝的参与感和归属感。这些活动不仅能够激发粉丝的创造力和想象力，还能够增强他们对品牌的认同感和忠诚度。

除了线上互动外，线下活动也是加强品牌与粉丝互动的有效途径。通过举办线下见面会、演唱会、研讨会等活动，可以与粉丝面对面交流，分享彼此的故事和经历。这种亲身体验能够让粉丝更加深入地了解品牌和产品，从而形成更紧密的情感联系。

总之，互动交流是品牌与粉丝之间建立深厚情感联系的关键所在。需要不断探索和创新互动方式，以建立更加紧密、更加有意义的关系。通过私信交流、定期互动活动以及线下活动等方式，可以让粉丝感受到被重视和关心，激发他们的创造力和想象力，从而共同创造更大的价值。

3. 粉丝分层管理的精细化

高活跃度的粉丝，他们如同社交媒体中的意见领袖，他们的声音能够影响更多人的看法。对于这样的粉丝，应该给予更多的关注和回馈。例如，可以邀请他们优先参与品牌的各种活动，让他们感受到品牌的信任和尊重。同时，为他们提供专属的福利，如定制礼品、限量版产品等，以此来表达对他们的感谢和认可。

而对于新粉丝来说，需要引导和培养。可以制定专门的培养计划。首先，通过欢迎私信来表达对他们的关注和欢迎，让他们感受到品牌的温暖和友好。其次，可以推荐一些热门内容或者话题给他们，引导他们参与到更多的讨论和互动中来。通过这样的方式，可以帮助新粉丝逐渐融入社交媒体的大家庭中，成为活跃的成员。

当然，精细化的粉丝分层管理不仅仅局限于以上两点。还需要不断地观察和分析粉丝的行为和需求，以便更好地满足他们的期望。例如，可以根据粉丝的兴趣点来推送相关的内容和活动，让他们感受到品牌的贴心和专业。同时，也可以通过定期的调研和反馈来了解粉丝的满意度和改进意见，以便不断优化管理策略。

总之，精细化的粉丝分层管理是一项长期而艰巨的任务。它需要不断地学习和探索新的方法和策略，以便更好地满足粉丝的需求和期望。只有这样，才能在竞争激烈的社交媒体市场中脱颖而出，赢得更多粉丝的喜爱和支持。

4. 数据分析的精准运用

对微博数据的精准分析，可以洞察粉丝的行为特征和兴趣偏好，进而实现更加精准的运营策略。在这个过程中，数据分析起到了至关重要的作用。在进行微博数据分析时，可以采用以下步骤：

（1）数据收集是基础。要想了解微博运营状况，必须掌握一系列相关数据。这些数据包括但不限于粉丝数量、关注人数、微博内容、转发量、评论量等。粉丝数量和关注人数可以反映一个人的影响力；微博内容和转发量、评论量则可以反映内容的受欢迎程度。因此，数据收集是进行微博运营分析的第一步。

（2）数据预处理。收集到的数据往往存在各种杂质，如重复数据、无效数据等。为了保证数据分析的准确性，需要对数据进行清洗、去重和整理。这一步骤虽然烦琐，但却至关重要。只有经过数据预处理，才能确保后续分析结果的可靠性。

（3）数据分析。在完成数据收集和预处理后，可以运用统计学、数据挖掘等方法，对数据进行深入分析。例如，可以分析粉丝活跃时间段、内容类型偏好等。这些信息有助于了解受众特点，为制定运营策略提供依据。

（4）数据可视化。数据可视化是分析结果呈现的方式，将分析结果以图表的形式展示出来，便于直观地了解数据特征。例如，可以制作粉丝年龄分布图、微博内容类型占比图等。这些图表有助于更清晰地认识微博运营现状，为后续策略制定提供参考。

（5）策略制定。根据分析结果，可以制定针对性的运营策略。例如，如果发现粉丝活跃时间段集中在晚上，就可以在这个时间段发布微博，以提高曝光度；如果发现某一内容类型反响较好，就可以加大该类型内容的发布力度。通过数据驱动的运营策略，可以更好地提升微博的影响力和关注度。

5. 合作与推广的多元化

与微博大 V 及意见领袖的跨界合作，以及多渠道的宣传策略，是迅速拓展粉丝基础的有效手段。设想与一位拥有百万追随者的微博大咖联手，他的曝光率将瞬间飙升，粉丝数也将水涨船高。借助他们的号召力，声音和理念能够触及更广阔的听众。当然，除了与微博红人的联盟，我们还能利用微博广告、推广位等工具进行精准营销。这些平台能够帮助我们精确锁定目标受众，优化推广成效。例如，我们可以依据用户的年龄、性别、兴趣等数据，选择最佳的广告时间和位置，吸引更多潜在粉丝。另外，与相关行业品牌携手，共同策划活动或推出联名产品，亦是提升影响力、吸引粉丝的有力举措。与品牌合作不仅能借助其知名度和影响力提升自我曝光，还能通过联名产品或活动吸引更多粉丝的目光，进一步壮大粉丝群体。总而言之，多元化的合作与推广策略是提升影响力、吸引粉丝的关键所在。需不断探索新的合作模式和营销手段，找到最适合自身发展的道路。只有如此，才能在竞争激烈的市场中站稳脚跟，实现持续发展。

6. 品牌建设的长期规划

品牌建设是一个长期且持续的过程，需要在微博粉丝运营中注重规划和执行。一个成功的品牌不仅仅是一个名字或标志，它更是一种情感连接、一种价值认同和一种持续的承诺。

（1）塑造独特的品牌形象。

第一，视觉风格统一。品牌的视觉元素，如头像、封面图、配色方案等，都应统一且反映品牌的核心价值和个性。这样的视觉识别系统可以增强粉丝对品牌的记忆和认同感。

第二，内容风格一致。无论是发布的文字、图片还是视频内容，都应保持一致的调性，体现品牌的独特性和专业性。

第三，互动方式有特色。与粉丝的互动也是品牌建设的一部分。可以设置特色的互动环节，如专属话题、粉丝互动问答等，以增加粉丝的参与度和忠诚度。

（2）口碑与美誉度建设。

第一，优质内容。内容是品牌建设的基础。只有提供有价值、有趣、有深度的内容，才能吸引和留住粉丝，进而提升品牌的美誉度。

第二，良好服务。对于粉丝的反馈和需求，应积极回应并提供帮助。这种良好的服务态度可以增加粉丝的信任和满意度，进一步巩固品牌形象。

第三，社会责任。品牌还应承担一定的社会责任，参与公益活动，传播正能量，提升品牌的正面形象。

（3）持续的品牌传播。

第一，跨平台联动。除了微博平台，还可以利用其他社交媒体平台、线下活动等方式进行品牌的传播和推广，扩大品牌的影响力。

第二，合作与联动。与其他品牌、意见领袖等进行合作，通过互推互粉、联合活动等方式，共同提升品牌知名度和影响力。

（4）定期评估与调整。

第一，数据分析。定期分析品牌的粉丝数据、互动数据等，了解品牌的发展状况和粉丝的需求变化。

第二，市场反馈。关注市场的变化和竞争对手的动态，及时调整品牌的策略和运营方式。

第三，持续改进。根据数据分析和市场反馈，不断优化品牌的内容、互动和服务，确保品牌始终保持活力和吸引力。

总之，品牌建设的长期规划需要在多个方面进行努力和投入。通过塑造独特的品牌形象、建设口碑与美誉度、持续的品牌传播以及定期的评估与调整，可以逐步建立起一个具有独特魅力和持续吸引力的品牌，吸引更多忠实粉丝的关注和喜爱。

7. 活动策划的创新与多样性

创新和多样化的活动策划，打造一场场粉丝专属的盛宴，让他们在参与中感受到乐趣和收获。线上线下活动的结合是吸引粉丝参与、提升活跃度的有效方式。在线上，可以通过社交媒体平台举办各种形式的抽奖活动，如幸运大转盘、答题赢取奖品等，让粉丝在轻松愉快的氛围中参与互动。同时，还可以利用线上直播技术，邀请明星或网红进行在线直播，与粉丝进行实时互动，增强粉丝的归属感和忠诚度。

线下活动则更加注重与粉丝的亲密接触。可以举办明星见面会、粉丝见面会等活动，让粉丝有机会近距离接触自己喜欢的明星或偶像，满足他们的追星梦想。此外，还可以组织线下课程、讲座等活动，提供有价值的知识和技能，帮助粉丝提升自我，实现个人成长。

在活动策划中，注重创新性和多样性至关重要。要深入了解粉丝的兴趣和需求，根据他们的特点策划有趣、有意义的活动。例如，针对年轻人喜爱的潮流文化，可以策划一场潮流文化节，邀请知名设计师、潮牌代表等参与，为粉丝呈现一场潮流盛宴。对于追求知识和技能的粉丝，可以举办各类培训班、研讨会等，提供专业的指导和支持。

总之，通过线上线下的融合、创新性和多样性的活动策划，可以打造一场场粉丝专属的盛宴，让他们在参与中感受到乐趣和收获。这不仅有助于提升粉丝的活跃度和忠诚度，也能为品牌或产品带来更多的曝光和关注，实现共赢的效果。

8. 粉丝福利的定期回馈

粉丝福利的定期回馈是维护粉丝关系、增强粉丝忠诚度的重要手段。一个精心策划的福利活动不仅能够让粉丝感受到品牌的关怀与尊重，还能激发粉丝的参与热情，进一步巩固粉丝与品牌之间的情感纽带。

（1）专属优惠与特权。为粉丝提供专属的优惠和特权是回馈粉丝最直接的方式。这可以包括特定的折扣、优惠券、积分兑换等。例如，可以为粉丝推出专属的会员服务，会员可以享受更多的优惠和特权，如会员专享折扣、会员日等。此外，还可以根据粉丝的购买历史、偏好等数据，为他们提供个性化的推荐和优惠，让粉丝感受到品牌的用心和关怀。

（2）限量礼品与惊喜。限量礼品和惊喜是吸引粉丝参与福利活动的重要诱因。可以定期举办抽奖活动，为粉丝提供精美的限量礼品，如定制周边、明星周边等。此外，还可以为粉丝准备一些意想不到的惊喜，如明星见面会、VIP 体验活动等。这些限量礼品和惊喜不仅能够激发粉丝的参与热情，还能提升粉丝对品牌的认同感和归属感。

（3）互动体验与共创。除了物质福利外，还可以为粉丝提供丰富的互动体验和共创机会。例如，可以邀请粉丝参与产品的设计、命名等过程，让他们感受到自己是品牌的一部分。此外，还可以举办线下见面会、粉丝分享会等活动，让粉丝有机会与品牌和其他粉丝进行面对面的交流和互动。这些互动体验和共创机会能够让粉丝更加深入地了解品牌，增强粉丝与品牌之间的情感联系。

（4）持续优化与反馈。要确保粉丝福利活动的持续吸引力和有效性，需要根据粉丝的反馈和需求不断优化福利方案。可以通过调查问卷、粉丝留言等方式收集粉丝的反馈和建议，了解他们对福利活动的期望和需求。然后，可以根据这些反馈和建议调整福利方案，以满足粉丝的多样化需求。同时，还需要定期评估福利活动的效果和影响力，以便及时调整和优化活动策略。

9. 危机管理的及时响应

危机管理是企业和个人在面临突发事件时的重要应对策略，尤其在社交媒体时代，任何负面信息都可能迅速扩散，对品牌形象造成严重影响。因此，建立完善的危机管理机制，对于维护企业声誉和粉丝关系至关重要。

（1）危机管理的及时响应是关键。一旦发现负面信息，应立即启动应急预案，组织专门团队进行处理。团队成员需要分工明确，各司其职，确保在第一时间内作出反应。同时，要与公关部门紧密合作，制定出合理的回应策略，避免情绪化的回应导致问题进一步升级。

（2）积极的沟通和回应是维护品牌形象的重要手段。在处理负面信息时，应坦诚、透明地与公众沟通，说明事实真相，消除误解和疑虑。同时，要表达出对问题的重视和解决意愿，展现出企业的责任感和担当精神。通过积极的沟通和回应，可以赢得公众的理解和信任，维护品牌形象。

（3）加强风险预警和预防措施也是避免类似事件再次发生的关键。企业应建立完善的风险评估机制，定期对潜在风险进行分析和评估。同时，要加强内部管理，提高员工的风险意识和防范能力。对于可能引发危机的敏感话题和事件，应提前制定应对策略，做好充分准备。

（4）在危机管理中，还需要注重与粉丝的关系维护。粉丝是企业的重要支持者和传播者，他们的态度和行动对品牌形象有着重要影响。因此，在处理负面信息时，应充分考虑粉丝的感受和利益，积极与粉丝沟通，争取他们的理解和支持。同时，要加强与粉丝的互动和交流，增强粉丝对品牌的认同感和忠诚度。

总之，建立完善的危机管理机制是应对可能出现的负面事件或舆论危机的关键。通过及时发现并处理负面信息、积极的沟通和回应、加强风险预警和预防措施以及注重与粉丝的关系维护等方法，可以有效地维护品牌形象和粉丝关系，保障企业的长期稳定发展。在这个过程中，企业需要保持高度警惕和敏感性，不断完善和调整危机管理策略和方法，以适应不断变化的市场环境和粉丝需求。

10. 持续学习与创新的自我超越

在当今数字化时代，社交媒体已经成为企业与粉丝之间互动的重要平台，而其环境的不断演变使得粉丝的需求和行为也在不断发生着变化。因此，对于任何一个致力于建立强大粉丝基础的品牌或组织而言，持续学习、紧密关注最新社交媒体趋势和技术，以及不断创新运营策略和方法，已经变得至关重要。

（1）实现对社交媒体环境的持续学习，必须主动跟进新的技术和趋势。社交媒体平台的更新换代速度惊人，新的功能、算法和用户行为模式不断涌现。只有通过不断学习，了解这些变化，才能更好地适应和把握机会。这可能涉及参与专业培训、关注行业研究报告、参与社交媒体社群等方式，以确保始终保持对变革的敏感度。

（2）紧密关注粉丝的需求和行为变化，是精细化运营的关键一环。通过数据分析，能够深入了解粉丝的喜好、互动习惯和消费行为。这不仅包括监测社交媒体上的数据，还涉及了解市场趋势、竞争对手的动向等。只有通过深入洞察，才能更精准地满足粉丝的需求，提供他们真正感兴趣的内容和服务。

（3）在面对社交媒体环境的不断变化时，创新运营策略和方法是成功的关键。这意味着需要不断尝试新的推广方式、内容形式和互动模式。可能是通过引入新的互动元素、制作创意视频，或是采用独特的推广活动等手段。创新不仅仅体现在内容上，也包括在粉丝互动、客户服务等各个方面。通过引入新鲜元素，能够吸引更多的粉丝关注，增强品牌的独特性和竞争力。

（4）自我超越的过程还需要建立一个积极的学习文化，鼓励团队成员不断追求进步。这包括提供培训机会、分享最佳实践、定期举行团队讨论等。通过与团队的协同努力，能够集思广益，汇聚不同的智慧和创意，推动整个团队不断超越自我，适应快速变化的市场。

在激烈的竞争环境中，品牌或组织只有不断超越自我，持续学习和创新，才能在社交媒体平台上脱颖而出，赢得更多粉丝的喜爱和支持。通过紧密关注社交媒体趋势、深度了解粉丝需求、创新运营策略和方法，以及建立积极的学习文化制度，将能够实现在竞争激烈的数字时代中的可持续发展。

第四章 微信运营与策划研究

第一节 微信运营概述

微信是一款由中国腾讯公司开发的多功能社交通信应用程序。它最初在2011年推出，现在已经成为全球最受欢迎的即时通信工具之一。微信的功能包括发送文本消息、图片、视频和语音消息，进行语音和视频通话，以及支持群聊功能。近年来，微信公众号发展迅猛，已成为娱乐、浏览资讯、学习的主渠道之一。“微信公众号依托于微信平台，具有自带流量、互动性强等特性。”① 因微信公众号申请便利、营销成本低、传播广、功效快。所以，利用微信公众号进行品牌推广、产品销售已成为各商家宣传推介的重要手段。

一、微信的基础认知

（一）微信的特征

微信，作为当今中国乃至全球范围内最为流行的社交媒体平台之一，其成功背后蕴含着一系列独有的特征。首先，微信的社交属性是其最为核心的特征之一。不同于传统的新闻媒体或社交平台，微信更加强调用户间的私密性和互动性，为用户提供了一个与亲朋好友、同事同学等建立紧密联系的沟通平台。其次，微信的多媒体集成性也是其一大特色。无论是文字、图片、音频还是视频，微信都为用户提供了丰富多样的表达方式，使得用户可以更加生动地分享自己的

---

①樊奕麟．我国编辑出版类学术期刊微信公众号运营抽样分析及优化策略［J］．中国传媒科技，2024，(01)：88.

生活点滴和所思所感。此外，微信的便捷性也是其受到广泛欢迎的重要原因。无论是手机还是电脑，用户都可以随时随地使用微信，不受时间和地点的限制，实现了真正的移动社交。最后，微信的开放性也是其不可忽视的特征之一。通过开放 API 和公众号等功能，微信吸引了大量的第三方开发者和服务商，为用户提供了更加丰富的服务和应用场景。

（二）微信的作用

微信的作用不仅仅局限于社交领域，其在现代社会中发挥着越来越重要的作用。首先，微信成为获取信息的重要途径。无论是新闻资讯、行业动态还是生活小贴士，微信都可以通过公众号、朋友圈等渠道迅速传递给用户，满足了用户对信息的需求。其次，微信在商务合作和营销推广中也扮演着重要角色。通过微信公众号、小程序等功能，企业可以更加便捷地进行品牌宣传、产品推广和客户服务，实现了线上线下的无缝对接。此外，微信还在教育、医疗、政务等领域发挥着重要作用。例如，在线教育平台可以通过微信实现课程资源的共享和互动，医疗机构可以通过微信提供在线咨询和预约服务，政府部门可以通过微信发布政策信息和公共服务等。

（三）微信平台传播的价值

对于纸媒而言，微信不仅是新闻传播的渠道，还是开发产品内容的载体。微信是依托紧密人际关系构架起的信息传播网络，入驻该平台有助于传统媒体走向更广泛和真实的公共空间。微信公众平台集成视频、语音等多媒体功能和电商、问卷等第三方程序，丰富了信息的表现形式和传播方式。传统媒体必须适应和利用微信公众平台的特性，同时整合自身在品牌价值、内容编辑等方面的优势资源。

1. 基于微信平台的传播潜力

随着第三方服务的接入，微信从基础的通信、社交功能延伸至打车、购票、电商等多元服务，多功能的聚合为转型中的传统纸媒提供了新的机遇。纸媒借助微信公众平台进行营销传播具有多方面的价值。

（1）基于庞大的用户基数和真实的社交关系圈，微信拥有强大的信息扩散能力，入驻微信平台有利于纸媒进一步扩大影响力。微信账号被要求与QQ号或手机号绑定，以及微信是以熟人关系网为核心的社交平台，其用户的真实性相对较高。微信的信息扩散模式是通过用户自主转发至微信群或朋友圈，进而裂变至整个微信用户网。通过微信平台诱导分享信息，是快速且有效的传播方式。

（2）微信有助于传播主体进行受众细分，实现点对点的精准投放。信息过载增大了有效信息的获取难度，这要求纸媒的传播更具目标性、针对性。在微信平台，用户需要主动搜索纸媒的微信公众号，完成订阅，才能接收该账号推送的信息。这意味着微信公众平台聚合的受众与纸媒的目标受众在一定程度上具有重合性。并且，微信公众号可以根据性别、地域等属性将用户分组，对特定受众推送特制信息，据此以提高信息传播的精准度。微信点对点的传播模式完成了目标受众的筛选和信息的精准送达，纸媒借助微信平台有利于促进传播效果的实现。

（3）微信平台多重功能的聚合为纸媒的信息传播方式带来更多选择。功能弹性化营销强调在传播过程中发挥平台的核心功能，拓展延伸功能，提升附加功能。对于传播主体而言，微信公众号传播平台除了发布多样化的图文信息，还有更多的运营空间等待挖掘。例如，通过公众号认证后，即可设置栏目菜单，地方的物价、政策等信息查询服务，将微信公众号打造为满足用户生活需求的综合信息服务站，实现媒体信息服务价值的增值。还可以设置微店，拓宽纸媒的发行渠道，或和其他品牌进行商业合作，扭转以印刷广告为单一营利模式的局面，不仅满足了受众的信息需求，也提升了微信的商业价值。

2. 传统媒体微信平台传播的优势

微信平台，是传统媒体的补偿性媒体。传统媒体转型微信传播平台是挑战也是机遇，成功的关键在于能否将传统信息平台上的优势，顺利地与微信平台传播属性进行融合，真正做到扬媒体优势之长，补技术不足之短。

经过多年的市场沉淀，传统媒体积累了大量的忠实受众，并被贴上了公信力、权威性的形象标签，成熟的品牌建设为其入驻微信公众平台奠定了良好的基础。新媒介环境下，传播主体多元而繁杂，传播内容良莠不齐，网络信息管制体系尚未健全，在浑浊的信息浪潮中，传统媒体的权威话语足以弥补网络媒体令人质疑的真实性。

优质新闻的生产需要依靠专业媒体来完成，这仍然是传统媒体的强项。相对于网络媒体，传统新闻媒体拥有新闻的采编权，即获得第一手的详细信息，手握从采访、编辑到发布资源这一过程的权利。依靠经验丰富的职业化采编队伍，传统媒体运营的微信公众号能为受众提供更高质量的新闻信息。在抄袭现象泛滥的互联网环境下，高端原创作品的生产是实现信息差异化、彰显媒体价值的有效手段。传统媒体应当充分发挥资源优势，推出适宜搭载微信平台内容形式，合理利用用户碎片化的时间资源，扩大自身的受众范围。

二、微信运营的必要性

随着微信的普及和功能的不断完善，微信运营的重要性也日益凸显。首先，微信运营有助于提升品牌形象和知名度。通过精心策划和执行的微信营销活动，企业可以展示自身的专业性和创新性，吸引更多用户的关注和认可。其次，微信运营可以增强用户黏性和忠诚度。通过与用户进行互动、提供有价值的内容和服务、建立社群等方式，企业可以培养用户的使用习惯和忠诚度，从而实现用户的长期留存和转化。此外，微信运营还可以为企业带来直接的商业价值和效益。例如，通过微信公众号和小程序的电商功能，企业可以实现线上销售和推广，拓展销售渠道和提升销售业绩。同时，通过数据分析和用户画像等功能，企业还可以深入了解用户需求和市场趋势，为企业的战略决策和产品研发提供有力支持。

然而，微信运营并非易事。企业需要具备专业的团队和技能，进行内容创作、用户互动、数据分析等多方面的工作。同时，企业还需要不断适应微信平台的变化和升级，保持与时俱进的运营策略。尽管如此，只要企业能够充分利用微信的特征和优势，制定合理的运营策略并付诸实践，相信一定能够在激烈的市场竞争中脱颖而出，实现品牌的长期发展和商业价值的最大化。

综上所述，微信作为一款功能强大的社交媒体平台，其特征和作用在现代社会中越来越重要。而微信运营作为提升企业品牌形象和商业价值的关键手段之一，其必要性不言而喻。因此，企业应该充分重视微信运营的重要性并付诸实践，以实现品牌的长期发展和商业价值的最大化。

第二节　微信运营的发展节点及要素

一、微信运营的发展节点

第一，初始阶段：社交功能的建立。微信最初上线时，主要定位为一个移动端的即时通信工具，强调与手机通讯录的整合，方便用户与亲朋好友进行文字、语音、图片等形式的沟通。在这个阶段，微信通过不断优化用户体验，如推出语音消息、摇一摇、漂流瓶等创新功能，吸引了大量用户的关注和使用。同时，微信还逐步开放了公众平台，为企业和个人提供了与用户进行互动和营销的机会。

第二，公众平台崛起：内容创作的繁荣。随着微信用户数量的不断增长，公众平台逐渐成为微信运营的重要节点。2012 年，微信公众号正式上线，为媒体、企业、个人等提供了一个发布信息、提供服务的新渠道。公众号通过推送图文消息、语音消息等多种形式的内容，吸引了大量用户的关注和阅读。同时，微信公众号还提供了多种互动功能，如投票、问卷调查等，使得用户与内容的互动更加深入和多样。在这个阶段，许多优质的内容创作者和机构通过微信公众号获得了广泛的关注和认可。

第三，小程序上线：连接线上线下。2017 年，微信小程序正式上线，这是微信运营史上的又一个重要节点。小程序旨在通过轻量级的应用形态，帮助用户实现线上线下的无缝连接。通过小程序，用户可以更加方便地获取各种服务，如点餐、购物、缴费等。同时，小程序也为企业和开发者提供了一个新的流量入口和商业机会。在这个阶段，许多企业和开发者纷纷涌入小程序市场，推出了各种创新应用和服务。微信小程序的上线不仅丰富了用户的日常生活，也推动了整个互联网行业的转型升级。

第四，私域流量的崛起：精细化运营的开始。公域流量指的是通过搜索引擎、社交媒体等公共平台获取的流量，这些平台拥有大量的用户，可以帮助企业快速获取流量。公域的主要特点是获取成本低、效果快速。私域流量则是指通过企业自身的网站、App、微信公众号等私有平台获取的流量。这些平台是封闭的，只有企业自己可以在上面发布信息和广告。私域流量的用户属于企业或者商家个体，可以实现长期、免费、反复触达，更注重用户的精细化运营。通过电子邮件营销、短信营销等方式，可以向用户发送个性化的推广信息，提高转化率。私域流量的主要优点是流量来源稳定，用户粘性高，但获取成本较高，需要长期积累和维护。私域流量的特点是用户粘性高、转化率高、用户数据可控。近年来，随着私域流量的概念逐渐受到重视，微信运营也迎来了新的发展阶段。私域流量指的是企业在自己的平台上积累的用户资源，通过精细化的运营和营销策略，可以实现更高效的用户转化和价值挖掘。在这个阶段，微信通过推出企业微信、微信视频号等功能，为企业提供了更加完善的私域流量运营工具。企业微信通过提供企业级的通讯和协作功能，帮助企业更好地管理和服务员工；微信视频号则为企业和个人提供了一个展示和分享视频内容的平台，进一步丰富了私域流量的运营手段。

第五，跨界合作与生态共建：开放与合作的未来。随着微信生态的不断完善和发展，跨界合作与生态共建也成为微信运营的重要方向。微信通过与各行各业的合作伙伴进行深度合作，共同打造了一个开放、共赢的生态系统。例如，微信与电商、金融、教育等领域的合作伙伴共同推出了各种创新服务和产品，为用户提供了更加便捷、高效的生活体验。同时，微信还积极参与社会公益事业，通过推出公益捐款、公益科普等功能，为社会贡献了自己的力量。

回顾微信运营的发展历程，可以看到其不断适应时代变化、持续创新发展的步伐。从最初的社交功能建立，到公众平台的崛起、小程序的上线、私域流量的崛起以及跨界合作与生态共建等关键节点，微信都展现出了强大的生命力和创新能力。未来随着技术的不断进步和用户需求的不断变化，微信运营还将面临更多的挑战和机遇。期待在微信的引领下，整个社交媒体行业能够继续繁荣发展，为用户带来更加美好的体验和价值。

二、微信运营的发展要素

（一）内容运营

内容是微信运营的核心，优质的内容能够吸引和留住用户，提高用户的活跃度和忠诚度。内容运营需要遵循以下原则：

第一，明确内容定位。对于明确内容定位而言，需要深入理解目标用户，了解其需求和兴趣，精确把握其特征，以明确定位。当内容能够满足用户期望，提供有价值的信息时，用户便会持续关注并参与其中。为实现内容定位的明确性，可以通过用户调研、行业分析，以及将品牌核心价值融入内容中等手段来实施。

第二，多样化的内容形式。由于平台支持图文、视频、语音等多种呈现方式，因此，采用不同形式的内容可以更好地满足用户多元化的需求，提升用户的整体体验感。这包括采用图文结合、制作吸引人的视频内容以及实现语音互动等策略。

第三，定期更新。考虑到微信平台信息更新速度较快，用户渴望获取最新、有趣的内容。因此，制定合理的更新计划、关注实时热点以及持续优化内容都是保持用户关注度的有效手段。

第四，互动交流。内容传递不仅仅是信息的输出，更是构建与用户互动交流的桥梁。通过鼓励用户参与内容讨论，可以增强用户的参与感、提高用户黏性和忠诚度。实现互动交流的方式包括留言互动、推行投票和问卷、组织线上活动等。

（二）社群运营

微信群、公众号等社群是企业和个人与用户进行深度沟通交流的场所，通过社群运营可以增强用户的归属感和忠诚度。社群运营的要点包括：

第一，社群定位。在进行社群运营之前，首先需要明确社群的主题和目的。这将有助于吸引与社群定位相匹配的目标用户加入，从而为后续的运营奠定基础。社群定位应具有独特性和针对性，以便在众多社群中脱颖而出，吸引用户的关注。

第二，活动策划。为了提高社群的活跃度和用户黏性，定期举办线上线下活动是必不可少的。活动策划应注重用户需求和兴趣，以吸引更多用户参与。此外，通过举办丰富多彩的活动，还可以增强社群的内部联系，进一步提升用户的归属感和忠诚度。

第三，内容分享。在社群中分享有价值的内容是提高用户参与度的重要途径。内容分享可以包括行业资讯、专业知识、实用技巧等，为用户提供交流的话题。同时，鼓励用户参与内容创作和分享，以促进社群内部的互动和成长。

第四，管理规范。为了维护良好的社群秩序，建立一套健全的社群管理规则是至关重要的。这包括但不限于：规范用户发言，避免恶意攻击和负面情绪；定期清理社群成员，确保社群内的用户都是真实且活跃的；对于违反规定的行为，采取相应的处罚措施，以维护社群的和谐氛围。

第五，社群拓展。在运营社群的过程中，不断拓展社群规模和影响力是关键。企业和个人可以通过多种途径吸引更多用户加入，如利用现有资源和人脉，开展合作和联盟，提高社群的知名度。此外，关注行业动态，及时调整运营策略，以适应市场变化，也是社群拓展的重要环节。

（三）数据分析

数据分析在微信运营中的重要性不言而喻，它帮助我们深入了解用户，洞察他们的行为和需求，进而优化运营策略，提升运营效果。以下是数据分析在微信运营中的四个关键环节。

第一，数据收集：奠定基础。数据收集，是数据分析的第一步。我们可以通过多种方式收集微信运营过程中的数据，如用户行为数据、用户反馈数据、小程序使用数据等。这些数据将为后续分析提供丰富的素材。建立一个完善的数据仓库，对收集到的数据进行整合、分类和存储，将为数据分析工作创造便利。

第二，数据挖掘：发现规律、挖掘潜力。数据挖掘，是数据分析的核心环节。运用先进的数据挖掘技术，可以从海量数据中找出用户的行为规律和潜在需求。这对于微信运营具有重要意义，因为它帮助我们更好地了解用户，从而制定更具针对性的运营策略。例如，通过数据挖掘，我们可以发现用户在小程序中的高频操作，进而优化界面布局，提升用户体验。

第三，数据可视化：化繁为简。数据可视化，是将数据以图表、曲线等形式展示，使数据变得直观易懂。数据可视化在微信运营中的应用价值极高。通过将复杂的数据转化为简洁的图表，运营团队可以更轻松地发现数据背后的规律，从而更有效地进行决策。此外，数据可视化也有助于向高层汇报运营情况，为决策提供有力支持。

第四，运营优化：实现持续增长。根据数据分析结果，运营团队可以有针对性地调整运营策略，提高运营效果。这包括优化内容推送、调整活动策划、改善用户服务等。通过持续的运营优化，我们可以实现用户的增长、活跃度和黏性的提升，从而达到微信运营的目标。

（四）服务体验

微信平台提供了丰富的服务功能，如微信支付、小程序等，通过提供优质的服务体验，可以增强用户的满意度和忠诚度。服务体验的要点包括：

第一，服务设计。设计简洁、易用的服务界面，提供良好的用户体验。

第二，服务响应。及时响应用户的服务请求，提供快速、准确的服务。

第三，服务创新。不断推出创新的服务功能，满足用户的多样化需求。

第四，服务评价。建立服务评价机制，收集用户反馈，持续改进服务质量。

（五）品牌建设

微信平台是企业和个人进行品牌建设的重要渠道，通过微信运营可以提升品牌知名度和美誉度。品牌建设的要点包括：

第一，品牌定位。明确品牌的核心价值和目标用户群体，塑造独特的品牌形象。

第二，品牌传播。通过微信公众号、朋友圈等渠道进行品牌传播，扩大品牌影响力。

第三，品牌互动。与用户进行互动交流，增强品牌的亲和力和用户的忠诚度。

第四，品牌监测。监测品牌在微信平台上的表现，及时调整品牌策略。

第三节 微信运营的矩阵式方法

一、新媒体矩阵

企业或个人需要根据自身情况选择合适的平台组合，制定相应的内容和用户策略，不断优化管理流程，以适应快速变化的新媒体环境。“随着移动互联网的广泛应用和新媒体技术的迅猛进步，媒体融合发展已经成为不可逆转的趋势，新媒体矩阵成为当今传媒界一种创新的组织形式。”① 新媒体矩阵是指一个企业或个人在不同的新媒体平台上拥有并运营的一系列账号和内容，通过有效管理和运营，能够最大化地发挥各个新媒体平台的优势，实现与用户的深度互动和品牌价值的最大化。

（一）新媒体矩阵的基本管理

新媒体矩阵由社交媒体、内容分享、视频、新闻媒体、直播等平台构成。新媒体矩阵的基本管理如下：

第一，内容管理。根据不同平台的特点制定内容策略，保证内容的质量和多样性，同时保持品牌形象的一致性。

第二，用户管理。分析不同平台的用户特征，进行精准营销和用户维护，提升用户活跃度和忠诚度。

第三，数据分析。通过数据分析工具监控各平台的运营效果，及时调整策略，优化内容分发。

第四，风险管理。注意遵守各平台的规则和法律法规，防范潜在的风险和危机。

（二）新媒体矩阵的必要性

第一，覆盖面广。在新媒体时代，信息获取渠道和方式越来越多样化。通过构建新媒体矩阵，企业或个人可以同时在多个新媒体平台上发布内容，从而覆盖更广泛的受众群体。这包括但不限于社交媒体、自媒体、短视频平台、直播平台等。这种广泛覆盖有助于提升品牌知名度和影响力，使信息传播达到最大化效果。

第二，形式多样。不同的新媒体平台具有各自的特点和优势，例如图文、视频、直播等。利用这些平台的特性，可以发布多种形式的内容，以满足不同受众的需求。这种多样化的表现形式有助于提升内容的吸引力，使信息传播更加生动有趣。

---

①尹培培．浅析移动互联网环境下广电新媒体矩阵建设[J]．西部广播电视，2023，44(20)：31.

第三，互动性强。新媒体矩阵允许企业或个人与用户建立更直接的沟通和互动，提升用户参与度和满意度。这种互动性表现为评论、点赞、分享等，有助于形成良好的口碑，推动内容传播。同时，互动性强也有助于了解用户需求，为后续内容生产和传播提供有益参考。

第四，精准定位。新媒体矩阵可以帮助企业或个人根据用户行为和偏好进行精准推送，提高转化率。通过数据分析，可以了解用户的兴趣、需求和行为习惯，从而有针对性地发布内容。这种精准定位有助于提升内容的价值，使传播效果更加显著。

二、微信传播矩阵的实践

（一）人民日报的微信传播矩阵构建

人民日报是传统媒体转型升级的典范，以实证研究的方法对人民日报微信传播矩阵展开立体式的分析研究，有助于丰富和完善媒介融合理论。一方面，为该矩阵结构与内容的优化提供思考，更好地发挥微信传播矩阵中各个账号在信息传达、形象塑造等方面的合力作用，实现微信矩阵运营的良性发展；另一方面，能够为其他亟待转型的传媒机构的微信传播矩阵构建提供借鉴作用。

1. 人民日报微信传播矩阵构建的必要性

信息通信技术、移动互联网技术、数字技术的发展与成熟，信息传播格局发生了质的变化，形成了以移动互联网为中心的传播渠道，以受众参与为主体的传播观念。传播主体是整个信息传播链中的重要组成部分，必须应对媒介形态、受众习惯所发生的变化。这一背景下，传统纸媒作为新闻传播主体，面对新媒体的冲击，转型升级成为迫切的现实需求。微信具有庞大的用户数量和强关系的社交属性，是传统媒体拓展移动网络渠道的重要平台。传统纸媒以微信平台的技术优势为支撑，以自身的优质内容生产为保障，纷纷入驻微信公众平台。只有从整体到局部，对新的媒介传播环境下纸媒的生存空间和发展趋势进行分析，才能更好地理解人民日报微信传播矩阵构建的背景。

（1）外部传播环境的巨大变迁。互联网时代，传统语境下的“受众”意义发生了变化，受众的参与意识日益增强，开始追求双向互动的平等传播。作为信息传播渠道，移动互联网带来的便捷性和多样化的传播形态，进一步点燃了受众的参与热情，逐渐成为受众表达自我和媒体信息传播的主要平台。受众和传播渠道的本质变化，势必对新闻传播方式产生深刻的影响。所有的营销传播活动都将受到外部传播环境的影响，了解整体传播环境的趋势变化是局部作出改变的前提。

第一，以受众参与为核心的传播观念。受众是新闻信息传播活动的接受者，也是整个传播活动的重要参与者。对受众的不同认识直接影响着新闻传播的模式和传播效果，也影响到媒体的生存与发展。传播渠道的增多，信息的爆炸式增长，让受众对信息获取方式和信息内容筛选有了更大的选择权。受众不再只是接受者，更成为信息传播的参与者。

依托移动互联网的开放性、互动性、平等性、便捷性等传播特征，受众的话语权得到了全方位的拓展，正以前所未有的方式参与到信息传播过程中，除了搜索、获取信息，受众还可以成为信息的评论者、创造者和传输者。以新媒体为平台的事件传播，不仅将精英文化转向了大众文化，还打破了传统的传播秩序与文化结构。传统意义上的受众已经参与到新闻生产价值链的上游，新闻生产不再是媒体机构的专利，传播模式从“一对多”演变成了“多对多”，传受一体化将成为新闻传播的主要特征。

从心理层面看，受众参与的另一个原因是传播的本能以及对传播权利的渴望。传递信息是生物体得以保持自身与外界信息畅通，获得安全感的一种生物本能。此外，传播还是一种权利，话语权是当下被认为的一种重要权利。此前，传播的权力都集中在精英手中，平民大众鲜有掌握大众传播的权利。受众希望有更多的途径来表达观点以弥补话语权的缺失。从某种程度上说，受众参与新闻事件的传播，是展现自我的内心驱动、寻求认同感的心理愿望。

受众的本位意识不断加强，对新闻事件的参与诉求更加强烈，所带来的影响也更为深远。人民日报在微信公众平台信息传播过程中，需要更加重视受众参与的实现，通过沟通、互动维系与目标受众之间的良好关系。

第二，以移动网络为中心的传播渠道。随着移动互联网技术的成熟和智能手机的普及，我国手机网民数量快速提升。移动互联网在互动空间方面具有突出特点，已逐步发展为集媒体传播平台、信息服务平台、生活娱乐平台和公共服务平台于一身的新型传播媒介，对传媒生态环境产生了深刻的影响。

移动互联网的便捷性体现在无线信息数据的即时传输、快捷的操作方式和手机的方便携带，这些条件不仅契合了现代消费者的生活习惯，也使得移动网络渠道在信息传播方面的优势更加明显。随着社会节奏的不断加快，使用时间容易被外部环境干扰而分割，信息接触的次数频繁但持续时间短。可以随时随地在网上获取各类信息，移动互联网满足了用户对碎片化时间的利用和分配要求。

基于这一现实，各类的移动互联网产品层出不穷，在内容要素上呈现多样化和个性化的特色。多样化体现在移动端产品的丰富性，用户通过移动终端可以满足生活中的各类所需，包括新闻客户端、社交网络、娱乐休闲平台、工作助手等，移动互联网融合了几乎所有媒体的功能。在个性化方面，用户会根据自身的喜好、习惯设置移动终端的使用方式和上网环境，既加强了消费者的服务体验，在大数据、云计算的技术支持下，也有利于传播主体进行消费者洞察，为信息传播提供科学的依据，提高信息传播的有效性和精准性。移动互联网的移动性、社会性、数字性和互动性，使得传播形态有了更大的发挥空间，这成为新闻媒体在移动终端积极扩展的推动力量。

（2）纸媒媒介融合的迫切需求。在媒介的发展过程中，传播形式也在不断丰富。纸媒和新媒体也是如此，这是一个新旧媒体更迭融合的过程。交互性更强的新媒体日渐成为大众的选择，受众阅读方式正悄然发生改变，纸媒需要积极寻求与互联网融合发展的途径，以适应新的传播环境，重新赢得市场份额。

第一，来自新媒体的强力冲击。媒介技术的不断革新导致新媒介形态的层出不穷，从而催生出新的传播方式，这对传统纸媒带来了全面的冲击。一方面，信息传播环境正悄然发生改变。传播主体和传播渠道呈现多元化，极大地丰富了受众的信息接触点。其中，新媒体平台拥有主导地位，凭借即时性、精准性、互动性等特征，占据了大多数受众的视线，是导致纸媒读者和人才流失的重要原因。另一方面，利用传播过程中的时间和空间优势，新媒体的传播模式颠覆了纸媒的新闻生产方式。来自新媒体的市场挤压，正不断倒逼着传统媒体的转型升级。

新媒体的社交属性打破了传统的单向、缺乏反馈的传播模式，为传播主体和受众搭建起了沟通的桥梁，甚至扮演着传播者和接受者的双重角色，进一步满足了受众参与互动的心理需求。信息过载时代，微博、微信、知乎、豆瓣等多样化的传播平台和内容产品服务着不同的受众群体，新媒体传播的分众传播观念更在各平台得到细化，针对性的信息获取方式得以实现。基于这些传播优势，纸媒读者纷纷转身投入新媒体怀抱。

新媒体崛起带走的还有优秀的传统媒体人，新媒体平台实现了信息的实时发布与更新，极大提高了传播效率，捕获的大数据更为传播内容的精准投放提供了科学的依据。在空间方面，纸媒受平台和成本的限制，要求风格严谨，新媒体突破了二维的局限，多样化的内容表现形式，使信息更具感染力。新的传播格局下，结合不同平台的特点，才能实现全方位的信息传播。

第二，数字化转型的现实需要。数字出版是指利用数字技术进行内容编辑加工，并通过网络传播数字内容产品的一种新型出版方式。随着互联网的普及和各种移动终端的广泛应用，日渐习惯并享受于数字阅读带来的便利，这有效刺激了数字出版的市场需求。同时，国家政策的支持对数字出版业的发展也起到了重要的推动作用。纸媒的数字化转型是市场规模、政策导向等多方因素作用下传媒行业内的普遍共识和趋势。

从市场规模看，我国数字化阅读的发展速度逐年攀高，整体阅读人群和数字阅读率都在稳步上升。在数字技术主导下，互动分享、内容定制等功能让受众把握信息选择的主动权；多渠道接触、即时性阅读满足了当今的碎片化生活方式，数字出版带来了受众阅读方式的改变。受众依靠纸媒获取信息的媒介接触习惯发生了转变，对报纸的忠诚度降低，传统纸媒市场将持续低迷，而数字媒体的前景一片大好。数字化已经成为纸媒在市场竞争中占据一席之地的重要手段。

2016年，“推动全民阅读”被首次写进国家规划，“数字出版”等被列为新兴产业要求加快发展，对我国数字出版产业发展将起到重要的推动作用，也为纸媒的数字化转型提出了指导与期望。传统纸媒应探索更具专业性、科学性的数字出版产品，挖掘数字出版方式呈现的多种途径，积极助力全民阅读的潜力。

2. 人民日报微信传播矩阵的运营分析

整体的战略规划关乎品牌发展方向的正确与否，微信公众号的具体运营情况则将直接影响微信传播矩阵的整体凝聚力和融合效果。从多个角度完成对公众号运营细节的分析，是找出问题、对症下药的基础性工作。

（1）人民日报微信传播矩阵的识别。人民日报微信传播矩阵作为以“人民日报”品牌为核心构建的一个传播整体，有必要导入全方位的形象识别系统以促进矩阵的良性发展。下面从微信名称、微信头像、微信号、功能介绍和文章形象图五个层面出发，对人民日报微信传播矩阵的识别体系特征展开梳理和分析。

第一，微信命名主张核心品牌。人民日报微信传播矩阵公众号的命名规则，可以从两个层面思考：

一是命名策略。命名策略是从定位的角度出发，指的是设立名称时的战略性思维，以明确微信名称的主要功能。在命名策略方面，人民日报微信传播矩阵公众号命名主要有三种策略。主张品牌策略，指在名称中突出“人民日报”这一主品牌名，通过名称无法获知公众号的具体功能；诉求功能策略，指在名称中直接反映该公众号的功能定位，其中又分为“品牌+功能”“功能表达”两种策略；诉求形象策略，指在名称中侧重于塑造公众号在历史、文化、价值、创新等方面的形象。强调品牌是人民日报微信传播矩阵公众号命名的主要策略。

二是命名方法。命名方法是从传播的角度出发，指在确定命名策略后的具体组合方法。在命名方法方面，人民日报微信传播矩阵公众号名称的组成有三种方法。直接套用法，指名称中直接使用该账号主体名称；简称法，指在名称中使用账号主体的简称或缩写；创意整合法，指根据公众号的内容定位另起名字，在这过程中融入创意思维。

人民日报微信传播矩阵公众号名称的长度适中，人民日报微信传播矩阵公众号的名称不超过 8 个字，并且这些微信名称的字符组成和词语结构都较为简单，容易识别。整体而言，人民日报微信传播矩阵公众号的名称遵循了简洁性、易读性、易记性原则，有助于提升传播效果。

第二，微信头像设计求同存异。作为企业外在识别体系中的重要组成部分，品牌标志的重要性不言而喻。好的品牌标志不仅应该富有内涵，符合产品定位，还要便于受众识别、联想与记忆。分析人民日报微信传播矩阵公众号头像的具体特征，可以从设计理念和构成元素两大角度出发。

在设计理念方面，人民日报微信传播矩阵公众号的头像以人民日报的品牌推广为核心理念，在视觉上具有协同性，具体表现为人民日报社社标的使用。将人民日报社社标融入微信头像，一方面能够提高微信公众号的识别度，并直接享有人民日报的品牌价值和品牌内容，能够节约一定的运营推广成本；另一方面有利于强调人民日报微信传播矩阵的整体性，进一步扩大“人民日报”的品牌影响力。部分未使用人民日报社社标作为微信头像的公众号，将无法共享品牌资产，但得到了更大的个性化内容创作空间，以满足部分细分受众。另外，在调查中发现“人民日报河南在线”和“人民日报图书馆”未设置微信头像，体现出其对微信运营和品牌建设的不够重视，有损人民日报品牌的整体形象。

从构成元素看，人民日报微信传播矩阵公众号头像以文字元素为主。文字是一种记录和表意符合，使用文字元素能够更确切地表述公众号的内容诉求。以“人民日报评论”微信头像为例，红底白字，直接表明了账号主体和功能定位，画面简洁明确，极具辨识度，中规中矩的设计也彰显出人民日报品牌的权威性。文字表意型是指在头像中对文字本身进行简单变形或重新设计，以强调平台特色。

第三，微信号构成要素多样化。扫描二维码、搜索微信名称、搜索微信号是用户主动关注微信公众号的主要方式，但与前两者不同的是，微信号是微信系统中的唯一识别号，相当于我国的身份证号码。根据微信公众平台使用规则，一个微信号只能对应一个微信公众账号，一年只可更改一次。作为微信公众号识别体系中的重要组成部分，一个结构简单、容易识别的微信号更便于受众的搜索、记忆和分享。

人民日报微信传播矩阵公众号的微信号形态多样，以拼音结构为主。使用拼音格式居多说明人民日报微信传播矩阵公众号在设置微信号时，充分考虑了受众的信息接收习惯。此外，微信号的组成结构越复杂越容易对受众的识别造成干扰，尤其是部分公众号直接使用系统默认的微信号，混乱的组合形式会导致受众难以识别、记忆与联想，微信号本身具有的传播力也将难以发挥与实现。

第四，账号功能介绍强调定位。微信公众账号的功能介绍位于公众号搜索页，以及点击后的关注页。因此，它不仅是传达公众号价值理念、内容诉求的有效载体，更是受众了解公众号、形成品牌印象的首要接触节点。受众往往通过公众号的功能介绍以确定自己是否感兴趣、是否有信息需求，再决定是否关注该公众号。诉求鲜明、定位清晰的功能介绍有助于受众的记忆和理解。

根据人民日报微信传播矩阵公众号功能介绍的内容构成，将其分为四种类型。账号主体简介、功能强调、价值诉求和其他。需要注意的是，当某个微信公众号的功能介绍同时具备两个方面及以上内容时，选择最突出的一个方面进行统计。从整体而言，人民日报微信传播矩阵公众号的功能介绍各有侧重，其中以功能强调型和价值诉求型为主。功能介绍以账号主体的基本信息为主要内容，有利于加深受众对该账号主体的了解。

在功能介绍中强调公众号的具体功能，有利于受众对公众号的功能形成更明确的认知，实现传受双方在内容、服务和沟通上的默契，如“人民日报社”的功能介绍是“销售人民日报社系列报刊书籍及数字版、传播党的声音，传递正能量”。直接表明该微信平台不仅会推送时政新闻等信息，还有销售书籍等商业功能。以价值诉求为主的功能介绍，有利于品牌的形象塑造，如“人民日报”的功能介绍是“参与、沟通、记录时代”。简单的 8 个字不仅传达出“时代记录者”的运营理念，更展现出人民日报的大视野、大格局，进一步深化了其权威的形象。基于公众号的特色以及运营的目的，功能介绍的内容诉求呈现多元化，有助于公众号在不同层面的建设与推广。但部分公众号的功能介绍没有实质性的意义，如“人民日报中央厨房”的功能介绍依旧是“人民日报中央厨房”，无助于该公众号的营销传播。

对话是谈话双方的互动式交流，独白是一种旁若无人的自言自语。语言风格表现为实际使用过程中完成或体现某种功能的语言的特征与规律。根据创作主体在使用过程中的形态特征，公众号功能介绍的语言风格可以分为两种：①独白式。独白式语言风格是以传播主体的自我为中心，语音较为生硬，从传者到受者呈现出单向传播、自上而下的宣传特征。如“人民日报社技术部”的“追踪媒体新动向、分享媒体融合发展趋势、探讨媒体运营及相关技术问题”。“国策说”的“人民日报中央厨房融媒体工作室，以智库、数据库为依托，进行政策解读、民声互动的平台”。独白式的功能介绍只需清晰地展现单方面的意见，能够更加集中话题，强调逻辑性，明确传达出公众号的功能定位、价值理念等，但在一定程度上弱化了受众的存在感。②对话式。对话式语言风格是传播主体报以交流的心态向受众传递信息，以求对方的积极回应，伴随着口语化、谦敬词等特征，强调双方的参与性、互动性以及平等性。功能介绍的阅读对象是人，对话风格的功能介绍通过将平台拟人化，营造出一种“人与人”的对话氛围，增强受众的交流感和参与感，以拉近传授双方的距离，也更契合微信的社交属性。

第五，账号功能菜单层次丰富。微信功能菜单的设置是指公众号将信息进行分类，并通过分级的方式予以呈现，以便受众识别并直接获取所需信息。功能菜单出现在点击进入公众号后的首要页面，是受众了解公众号产品、服务、合作方式等相关信息的直接渠道，也是微信公众号识别体系中的重要组成部分。根据微信公众平台的设置规则，运营方可以根据自身需求设置多样化的功能菜单。在形式上，功能菜单可以分为一级菜单和二级菜单；在内容上，菜单的具体内容可以包括文章分类、账号主体介绍、链接第三方平台等多种类型。

在内容类型方面，人民日报微信传播矩阵公众号功能菜单的内容多元，包括文章归类、活动信息、账号主体介绍、合作联系、服务查询、产品购买六大类，并且多数公众号注重引入第三方服务平台。第三方服务平台是指存在于微信系统之外的网络产品，如微店、官方网站、论坛、微博等，可以通过链接实现以微信为入口。

（2）人民日报微信传播矩阵的内容。对各个微信公众号的传播内容进行探索分析，是研究人民日报微信传播矩阵公众号运营特征不可或缺的环节。

第一，文章议题偏重新闻资讯。人民日报微信传播矩阵公众号传播的文章议题大致可分为五大类：①新闻资讯类，包含时政、民生、社会等各方面的新闻信息；②评论解读类，包括政策解读、热门事件评论、历史评论、文艺点评、名人访谈等；③知识普及类，包括身心健康、生活实用、名胜古迹、文学艺术等方面；④文化活动类，包括沙龙活动、图书推荐、文艺比赛等；⑤其他类，如情感故事、招聘信息、受众反馈等。以此为考量基准，了解人民日报微信传播矩阵公众号的文章议题。人民日报微信传播矩阵公众号的文章议题呈现出以新闻资讯为核心多元化发展的特征。人民日报作为传统新闻媒体，在转型新媒体平台后进行了内容细分，但其核心业务仍然是新闻报道。评论解读类是文章数量排名第二的议题，体现出人民日报微信传播矩阵公众号在深度分析文章上的优势和能力。此外，如生活知识、文化活动、情感故事等相对轻松的议题，穿插在新闻资讯类文章中间，为新闻议题的严肃性形成风格上的缓冲。可见人民日报微信传播矩阵在议题的选择上充分考虑到了受众的阅读感受。多样化的议题能够减少内容的同质化，同时满足受众多样化的需求。

第二，文章传播风格形态各异。在内容构成上，人民日报微信传播矩阵公众号文章的内容构成形态多样，以图文形式为主。在可读性方面，碎片化信息时代，单纯使用文字不仅增加了受众的阅读负担，也有损文章在视觉呈现上的美感。图片和文字的结合使用能够增加文章的生动性，并缓解受众在文章阅读当中产生的视觉疲劳。在便利性方面，与视音频相比，“文字+图片”的形式内容能够提升文章的加载速度，降低了受众的阅读成本。在内容风格上，人民日报微信传播矩阵公众的内容风格主要分为口语交流式、平铺直叙式、严肃认真式和风趣幽默式。其中，平铺直叙式是人民日报微信传播矩阵公众号文章内容的主要风格，平铺直叙式是指直截了当地、不带感情色彩地传播信息内容。这种内容风格更有利于树立账号主体的客观性和权威性，但不容易打动受众。微信公众号可以根据文章的议题类型以及重要性，采用不同的内容风格，既要坚持公众号的价值立场，如在时政新闻传播方面的严谨性，也要注重和受众的情感联系，如用风趣幽默的风格传播生活资讯，以展现公众号生动活动的一面。

第三，文章形象图信息多元。微信公众号的文章形象图指位于文章的头部或尾部，融合二维码、文字、图片等多种元素的识别内容，用于深化受众对公众号的价值理念、品牌形象的认知，进而实现关注与分享行为。设置文章形象图，是各大微信公众号在长期的传播实践中形成的默契。因其位置的关键性，以及出现的高频率，文章形象图已然成为微信公众号传播内容中不可忽视的角色。探究人民日报微信传播矩阵具体公众号的文章形象图，可以从构成元素、呈现形态和品牌建设三个方面出发。

在构成元素方面，人民日报微信传播矩阵公众号文章形象图的结构较为复杂，二维码、账号主体信息、价值理念是其构成的主要元素。文章形象图的设计没有固定的模式，创作空间大，但其目标具有统一性，即塑造品牌形象、诱导关注和分享。账号主体信息和价值理念是公众号形象塑造的基础元素，二维码则有助于受众快速关注公众号，提升了文章形象图的实用性。如“人民日报数字四川”的文章形象图中只有一张二维码，受众无法分辨账号主体；“人民数字贵州”的文章形象图包含了账号主体信息和价值理念，但没有二维码，无法引导受众立即关注公众号。注意过犹不及，在文章形象图中，如背景图片、创意图形、字体等修饰性元素不宜过多，不然容易分散受众注意力，元素的不合理堆砌还会造成受众的视觉负担，降低对传播内容的好感度。

在呈现形态方面，人民日报微信传播矩阵公众号的文章形象图以静态呈现为主。相比于静止呈现的形象图，动态呈现的形象图更容易吸引受众视线，但在转瞬即逝的动态变化过程中，不利于受众的信息获取和有效记忆。文章形象图就相当于一个品牌的形象广告，多数受众不会花时间去认真阅读，元素繁杂、缺乏创意的形象图不仅难以实现信息传达的功能，还容易引起视觉上的不适。如何在最短时间内吸引受众视线，并完成信息的有效传达是值得思考的问题。

文章形象图在信息传播中占据重要地位，是公众号展示自身形象、宣传内容和吸引受众的关键环节。通过不断强调矩阵核心元素，能够有效提升受众的记忆度，进一步彰显微信传播矩阵的建设理念。在此背景下，人民日报积极发挥品牌优势，以“人民日报”为核心凝聚力，构建微信传播矩阵，通过精心设计的文章形象图，不仅强化了受众对品牌的认知，更展现了其微信传播矩阵建设的深谋远虑和前瞻性布局。

（3）人民日报微信传播矩阵的推送。开设、认证、推送这些微信公众号运营的基础性工作，可以反映出账号主体对微信公众平台传播的重视程度，以及微信传播矩阵构建的规划路径。

（4）人民日报微信传播矩阵的效果。传播效果是信息推送后产生的影响，主要指受众对信息传播内容的结果性反应，体现了传播目标的实现程度。对微信传播效果的分析，有助于人民日报微信传播矩阵安排更合理的资源配置和运营战略。

3. 人民日报微信传播矩阵的优化策略

人民日报作为传统媒体的代表，其微信传播矩阵的构建具有较强的参考价值。

（1）完善矩阵规划，强调账号的协调性。构建微信传播矩阵是一项系统性工作，包括账号开发、维护和推广等系列过程。为了保证微信传播矩阵的有序运营和良好发展，把握传播方向、明晰传播路径是前提条件。一个规划合理的微信传播矩阵，必须依据产品发展规律，有序地制定账号开发的长远战略，建立科学的信息传播机制，并及时剔除或培养弱相关子账号，以实现账号间的协调发展。

第一，制定账号开发的长远战略。人民日报微信传播矩阵的账号开发，不仅需要根据市场细分，明确账号定位，还要制定并及时调整战略方向，从而实现品牌的长远发展。一个合理的定位可直接增强传播主体产品或服务的竞争优势，人民日报微信传播矩阵定位的核心是厘清自身的传播属性与微信平台的属性。

一是，人民日报微信传播矩阵公众号的定位基于科学的市场细分。微信不仅改变了传播技术，还深刻影响了大众的传播观念。传统媒体应利用微信进行差异化营销，明确不同受众的需求，并提供精致化信息。纸媒微信传播矩阵需要明确功能定位，形成差异化风格，并深度把握用户需求，以增强用户活跃度和关注度。新闻价值理论表明，受众对与自己生活相关的信息更感兴趣。因此，微信传播矩阵应提供仪式参与感和社交媒体“圈子”传播中的社会身份依据。

二是，人民日报微信传播矩阵公众号的定位应考虑品牌的文化属性。人民日报作为传统纸媒，经过多年的经营，早已形成了自身的文化特色与品牌价值，这些被受众熟知的特有气质无疑会保留在微信公众账号中。一方面，赋予了人民日报微信传播矩阵公众号天然的权威性，有利于其快速打开知名度；另一方面，严肃的品牌形象容易引起传受双方的隔阂，局限了公众号的发展空间。

三是，为了提高信息传播的有效性，有必要以微信公众平台的受众特点为参考进行定位。人民日报微信传播矩阵公众号的受众定位，其参考标准应从大众传播时代关注的受众性别、年龄、地域、职业等人口统计学信息，拓展到受众信息接触习惯与信息偏好等特征，并以此确定微信传播的编码内容、形式与风格等。在微信公众平台，受众是信息的主动搜索与选择者，他们注重互动参与、平等交流。因此，人民日报微信传播矩阵公众号应该塑造出一个具有较高专业素养，并乐于分享和沟通的人格化形象。

四是，制定并及时调整战略方向是品牌进行微信传播矩阵战略规划的必要措施。产品的市场生命周期会经历导入期、成长期、成熟期、衰退期四个阶段，根据不同的阶段需要制定相应的市场营销计划。品牌入驻微信公众平台可视为产品进入市场的过程，因而，微信传播矩阵的构建也需要有目的性地、循序渐进地完成。微信公众号的红利期已过，目前，人民日报微信传播矩阵的构建应该在坚持运营的基础上，找到优势并转化优势，而不是仅仅停留在新闻内容推送阶段。

第二，建立科学的信息推送机制。建立科学的信息推送机制需要进行两个步骤：

一是对受众的信息获取特征和习惯进行分析。了解目标受众的信息获取与接收习惯，是实现信息有效推送的基础。新媒体环境下，受众角色从被动的接受者变成了个性化消费者与互动化生产者，受众信息获取的媒体空间、方式、规律都发生了变化。在这样的背景下，人民日报微信传播矩阵公众号可通过信息监测工具对受众进行深度挖掘，如广点通、粉丝通、粉丝头条等工具能帮助公众号更精准地了解受众的信息接触习惯。

二是实现公众号的专人运营和信息推送的规律化。稳定的信息推送时间与推送频率，有利于形成微信公众号内容推送与受众信息获取之间的良性互动。实现信息的规律化推送，需要组建专人的运营团队。在了解目标受众信息接触规律的基础上，人民日报微信传播矩阵的运营应实现专人负责，这不仅有助于保持内容风格的一致性，也能保证信息的推送频率与运营活跃度。以"人民日报政文"为例，其微信传播内容的推送时间稳定在19~21时之间，即受众的晚餐过后时间，推送频率是周一到周五每天一条。在工作日，晚餐过后一般是受众在家的休闲时间，微信传播信息的打开率往往会形成一个小高峰。相对科学的信息推送机制，让"人民日报政文"的活跃度和文章平均阅读数位于前列。

第三，择重培养弱相关子账号。子品牌能够通过增加与顾客有关的关联物起到品牌驱动作用，是一个强有力的品牌架构工具。微信传播矩阵中子账号对主品牌的传播意义，等同于子品牌对母品牌的驱动作用。因此，作为微信传播矩阵中的一分子，子账号的良性发展将促进主品牌与受众建立更紧密的关联，扩大品牌的影响力。人民日报微信传播矩阵中，相关子账号的重新调整规划包括：①未进行微信账号主体认证的官方公众号需完成微信认证。②子账号构成较为多元，应该有重点地加强对部分子账号的运营与管理，主要包括传播内容相对重要或有发展前景的公众号。③对于内容同质化严重、有损品牌形象的公众号进行剔除。

（2）统一识别系统，加强品牌凝聚力。通过媒介的宣传，受众会对品牌产生固有印象，而所建立的品牌形象将直接影响受众的选择。人民日报微信传播矩阵的识别系统应该从整体出发，要求具体公众号建立起统一而独特的品牌形象，既能够便于受众识别，也有利于增强矩阵凝聚力，扩大主品牌的传播范围。

第一，一体化的视觉识别提升品牌力。人民日报微信传播矩阵的视觉识别应考虑公众号的内容定位，在注重差异性的同时强调统一性，建立标准化的识别体系，具体从微信名、微信头像和微信号三个方面进行完善。

一是，使用统一的名称格式建构受众对人民日报微信传播矩阵的品牌记忆。

品牌记忆是某产品或服务的品牌名称存在受众的记忆中，受众在未加提示的情况下就能识别出该品牌。品牌名称应该具备简洁性、统一性、有意义性，品牌可以将其名称与某种顾客渴望的利益相联系来更好地定位品牌。微信公众号的名称，是受众在主动搜索或关注公众号时的首要注意点，是受众对该公众号形成品牌记忆的关键点。

人民日报微信传播矩阵公众号的命名应与主品牌相关联。一个强势的品牌能够在目标受众心中占据一个有利位置，即当受众一看到品牌，便马上想到品牌的承诺，并对产品或服务的质量有信心，或是当受众需要某种产品或服务，就能立刻想到该品牌。人民日报的品牌价值作为人民日报微信传播矩阵公众号的无形资产，能够帮助具体公众号快速打开细分市场，也利于强化矩阵的传播效果。因此，人民日报微信传播矩阵公众号在进行微信命名时，应以微信公众号的定位为基础，在与定位相匹配的前提下，保留主账号的核心名称，从而实现人民日报品牌价值、品牌形象向微信平台的延伸。如“人民日报评论”“人民日报政文”“人民日报文艺”等公众号，使用“人民日报+内容定位”的方式进行命名，清晰易懂，既强调了与人民日报社的关联性，也与定位相匹配。值得注意的是，在与主品牌相关联的公众号名称中，出现了两种表现形式。人民日报+XX 和人民+XX，有必要进行规范化。格式统一的微信命名有助于建构人民日报微信传播矩阵独特的识别体系，不仅能够提升传播矩阵的整体形象，也有利于受众的搜索和关注。

二是，人民日报微信传播矩阵公众号的头像设计应统一风格，便于识别。微信账号群规划与运营应兼具个性和共性，以发挥账号群的合力作用。个性主要通过定位的差异性予以实现，具体反映在公众号的传播内容上；共性则主要从识别系统中体现，尤其是微信头像设计，作为受众对微信公众号的第一接触点，将对受众的判断和选择产生重要影响。因此，人民日报微信传播矩阵公众号的头像设计应该通过图片、字体、色彩等主元素使之保持统一的风格，呈现一体化的视觉效果，便于受众清晰、迅速地识别。

三是，人民日报微信传播矩阵公众号的微信号应与微信名称相契合。微信号相当于微信公众号的身份证号码，具有唯一性，一年只可更改一次，因此，账号主体对微信号的取名应当慎重。对于受众而言，拼音比英文更易于理解和使用，越简单和容易理解的微信号越有助于提升公众号的传播力。为了便于受众的识别、记忆，应该首先考虑拼音形式的微信号，并尽量与微信名称一致。

第二，简明的功能介绍凸显账号个性。品牌个性是品牌形象的重要构成维度，是品牌基于自身特点，向受众展示的人格化品质。品牌个性有利于拉近品牌与受众的心理距离，它是品牌与受众的情感纽带。微信公众号的功能介绍是受众了解公众号功能定位的窗口，独特的功能介绍有利于建构鲜明的账号个性，帮助受众形成一个特有的品牌印象。基于实证调查和分析，人民日报微信传播矩阵公众号的功能介绍可以从以下方面予以改善。

一是，人民日报微信传播矩阵公众号的功能介绍应更加简明扼要。在碎片化阅读时代，长篇大论的文章一定程度上会引发受众反感，通过短小精悍、句式工整的表达方式，不仅便于阅读、易于传播，也更容易建立舒适的品牌个性。

二是，微信功能介绍应当明确传播诉求重点，突出品牌的定位与特色，注重差异性。通过实证分析，发现人民日报微信传播矩阵中部分公众号的功能介绍诉求欠清晰，且句式结构和内容高度相似。子账号的开设依据源自市场细分，差异化的功能介绍不仅能够突出具体账号的特色，也有助于细分受众的识别。人民日报微信传播矩阵公众号的功能介绍可以从价值理念、功能定位、文化背景、情感共鸣等层面出发，找到诉求核心点，避免同质化现象。

（3）促进内容优化，改善整体阅读体验。人民日报社依靠强大的信息资源和专业的编辑团队，在内容生产方面具有一定的优势，但基于微信公众平台特殊的内容编辑方式和表现形式，人民日报微信传播矩阵公众号在主题策划、内容来源方面还有待改善。

第一，加强主题策划，避免重复空洞。微信公众号的主题策划是指在一定时间周期内，围绕某一人物、事物或理念，有目的性地搜集、整理和编辑信息，推出系列内容。有效的主题策划，能够实现内容的聚焦、增强内容的丰富性，给受众留下深刻印象。人民日报微信传播矩阵部分公众号的文章主题较为零散，甚至偏离定位。此类公众号应通过策划连续性专题、设置主题标签的方式，扩大内容的传播效果和传播价值。

微信公众号以专题形式连续性地进行系列内容传播，能够吸引受众进行连续性阅读。系列文章的内容薄而不散，信息量大主题深刻，可以使传播内容更具针对性和传播力。人民日报微信传播矩阵公众号应该在契合产品定位的前提下，围绕热点事件或其他特定主题进行相关策划，发挥传统媒体深度报道的优势。一段时间内的热点事件能够有效吸引大众注意力并引发讨论，因此，对热点事件的连续报道，有助于提高微信账号的用户关注量。

主题标签是指在文章标题的前面用几个字对传播内容的主题进行概括，设置有指向性的主题标签有助于受众对传播内容的关注、识别与理解。主题标签分为两类：是以文章的功能为依据进行设置，方便受众根据需求自主选择。二是以推送时间为依据进行设置，通过长期稳定的推送形成固定栏目，以培养受众的阅读习惯。

第二，原创转载并重，丰富优质内容。人民日报微信传播矩阵公众号文章的原创率和原创保护意识都有提高的必要性。

一是，人民日报微信传播矩阵中，多数公众号都应该加强原创内容的创作，一方面，从长远看微信平台对原创内容的保护会越来越严格，传播主体对优质内容的搬运将越来越困难，内容质量的下降必然会影响用户的阅读体验。只有确保内容的可读性，才能引发受众评论、转发的行为，进而扩大传播范围，实现粉丝数量的增长。另一方面，如果只是将传统媒体内容简单地复制粘贴进微信公众号，不仅会与人民日报客户端的内容重合，更无法在多元化的市场竞争中立足。传统媒体入驻微信公众平台，应该在资源优势的基础上拓展传播内容的类型，并且充分利用平台的多媒体和社交属性，通过图、文、声、频等多种形式予以展现，以满足微信用户多样化的信息需求。

二是，人民日报微信传播矩阵公众号需要提高原创保护意识，对于原创内容应该积极开通原创声明，树立专业的品牌形象。原创文章在发布时可以声明原创，如果声明成功，文章标题下方会有一个原创标签。原创声明不仅是微信平台对账号的认可，更多的是文章阅读价值的体现，有助于获得受众的关注和信任。此外，当其他公众号需要转载原创文章时，必须经过原创公众号的后台许可，而在转载文章的底部，会自动附上原创微信公众号的链接，从这个意义上说，原创文章间接成为品牌的宣传工具。

（4）整合自身资源，推进矩阵内部融合。人民日报微信传播矩阵的构建目的是希望通过在微信平台的全方位布局，展开与受众的信息共享和双向沟通，充分发挥协同效应，以扩大媒体信息传播的覆盖范围，提升人民日报品牌影响力。这要求人民日报微信传播矩阵公众号之间进行深度合作，注重与受众的沟通互动。

第一，账号强强联合，实现双向引流。微信传播矩阵是由主账号和子账号组成的微信群，要发挥微信传播矩阵的合力作用，要求具体公众号相互联合，以团队之力弥补单兵作战的不足，推动微信传播矩阵的整体进步。账号之间的强强联合主要从两个方面入手，一是通过相互宣传，提升具体公众号在细分市场的知名度；二是建立扁平化的采编流程，实现优质资源共享。

一是，人民日报微信传播矩阵公众号之间应该加强宣传互动，以强带弱，提升整体影响力，可以将文章内容和文章形象图作为宣传载体。文章推送是微信公众号最重要的传播形式，通过转载其他公众号的优秀文章或以文章形式介绍其他账号，有助于提升受众对该账号的认知与记忆。此外，随着移动端支付功能的日益强大，越来越多的消费者形成了移动支付习惯。由于微信支付用户数量庞大，微信公众平台逐渐成为企业产品销售的重要渠道。在人民日报微信传播矩阵中，有三个账号开设了微店，销售情况都不理想。如微信服务号“人民日报社”，主要出售人民日报社出版的书籍、报刊和文创产品，用户数量有限。“人民日报”“人民日报评论”等账号可以利用自身的流量优势，加强宣传和引导，让更多受众了解“人民日报社”微信服务号的功能，以促进产品销售，满足受众从信息获取与共享、购买到反馈与售后等多样化需求等。

文章形象图多附于每篇文章的底部，位置醒目，能够有效卡位受众视线，重复阅读率高。利用文章形象图进行矩阵账号的宣传，不仅能扩大账号的知名度，更有助于提升矩阵账号间的关联程度，强化矩阵效能。

二是，人民日报微信传播矩阵应该搭建平台，实现资源共享，实现新闻信息一次采集、多种生成、多元传播。人民日报微信传播矩阵的构建需要根据融合发展的需要，应该改变运营主体相互割裂的状况，推动微信账号群在资源整合上的深度合作。建立统一调度微信账号群的“总编辑部”，负责信息资源的采集并进行创造性的重组，借助互联网技术实现资源共享，确保多个微信渠道协同工作。此外，具体公众号要根据自己的风格特色，对共享信息加以取舍、解读，完成全新的组织与整合，体现账号特色。这样，虽然信息资源的来源与基本内容是共享的，但最终能够在微信公众平台上形成多落点、多形态的形式。

第二，在互动仪式中培养用户黏性。受众反馈是衡量微信传播矩阵融合效果的重要因素。因此，微信公众号的运营不仅要注重内容的发布，更要注重用户的维护，而开展多样化的互动形式是培养用户黏性的重要途径。互动性指的是传播双方在扮演讯息的发送者和接受者上角色可互换及相互影响的程度。在互动仪式理论中，情感能量由充满情感性情境的符号所传递，互动仪式中成功建立起情感协调的结果就是产生了团结感。人民日报微信传播矩阵要产生良好的传播力和影响力，必须聚焦受众互动，可以通过活动策划和社区集结等多种形式，经营好与用户之间的情感关系。

一是，人民日报微信传播矩阵公众号对受众的留言行为应该予以积极回复。在新媒体传播环境下，受众的本位意识不断加强，传播主体需要更加重视社交网络的“参与式文化”特征，通过沟通、互动维系与目标受众之间的良好关系。在微信公众平台，留言与回复是账号主体与受众最直接、有效的沟通方式。传播主体对受众留言的积极回复，被视为对受众参与行为的肯定，一方面，满足了受众的参与感和归属感，有助于激发受众的留言热情，培养其认真阅读和评论的习惯；另一方面，能够帮助公众号树立起人格化形象，拉近与目标受众的距离，建立亲密的关系。

二是，通过第三方链接，实现公众号与受众的多维互动。在人民日报微信传播矩阵公众号中，“人民日报”发起“送流量”活动，切实的福利有效推动了受众参与活动的热情；“侠客岛”推出“岛友会”栏目，通过建立微信贴吧，把粉丝集结在社区，实现了系统内部各种信息的广泛讨论和理解，有助于增强社区成员之间的沟通，巩固社区文化，强化账号主体与受众的密切关系。

（二）新京报微信矩阵构建

1. 新京报微信矩阵的构成

由北京市委主办的《新京报》凭借优秀的专业人才队伍深耕于优质内容生产，在国内具有很高的影响力。同时，新京报审时度势着眼于时代发展的要求全员转型新媒体发展，是我国纸媒界实现媒介融合较为成功的一家媒体。新京报根据不同的内容领域，开发了多个垂直细分的微信公众号，打造多层次、分众化的信息展播平台形成微信矩阵。新京报微信矩阵账号数量众多，坚持新京报社的重要引领地位，以新京报核心账号为排头兵，带领旗下各有所长的子账号实现不同账号之间的互联互通、信息共享与协同发展。

2. 新京报微信矩阵的功能介绍

功能介绍是受众了解微信公众号定位的“第一窗口”，也是区别于其他微信公众号品牌价值的理念所在。新京报矩阵功能定位呈现出细分化、差异化的特点，凸显了新京报矩阵的价值诉求和服务理念，适应了分众化的传播趋势。新京报微信矩阵总体通过垂直内容领域的深度细分满足了受众多样化的信息需求，为打造高品质的微信矩阵指明了服务方向、注入了灵魂。

3. 新京报微信矩阵的内容体系

（1）新京报微信矩阵的内容生产特征。

第一，内容定位差异化，呈现重点个性化。新京报微信矩阵要推送有价值的信息内容，提高传播的有效性。新京报微信公众号作为微信矩阵的核心账号在内容定位和信息发布次数上存在局限性，通过组建微信矩阵来弥补缺陷；核心账号和子账号传播内容的重点与特色不同，实现了内容的差异化、个性化传播。新京报微信矩阵中各账号对同一个新闻事件的报道呈现出差异化特征，个性化地强调不同的重点与特色。每个账号根据自身的定位从不同的角度来解读，从多样化的视角为受众呈现立体化的信息。

新京报微信公众号的文章在新京报评论、传媒研究账号得以转发。新京报微信矩阵中的不同账号根据差异化的细分定位解读新闻事件，并在微信矩阵账号之间相互转发同时发力，实现了信息传播的差异化定位，使受众从不同的角度了解新闻事件；并通过事件的跟踪报道，循序渐进地呈现事件的动态发展过程。不同账号的重点信息根据差异化的内容定位实现个性化推送，一定程度上满足了受众对价值信息的追求，吸引了更多受众对新京报的关注，将受众的注意力吸引在新京报微信矩阵当中；有助于提升新京报微信矩阵的传播力、引导力和影响力。

第二，标题内容软化，符号增强感情。新京报微信矩阵中标题的内容注重融入符号要素，迎合了新媒体的传播特性和受众信息接受习惯的变化，从而达到更为理想化的传播效果。新京报微信矩阵推文题目中重视对问号的运用，注重对受众好奇心的挖掘。叹号所表达的情绪更加复杂化、丰富化，包括惊讶、无奈、喜悦、赞美等情感。叹号的适当运用能够为信息的传播起到增强情感、宣泄情绪的作用，甚至还可以几个叹号重复使用传达更为强烈的感情。以新京报微信矩阵为代表的微信公众号传播平台中，运用问号、叹号等符号化语言在吸引受众注意力的同时也反映出互联网传播环境下受众的情绪化语境。

（2）新京报微信矩阵的内容呈现。

第一，表达形式丰富化，增强信息传播力。新京报微信矩阵主动迎合微信传播平台的媒介特性，在文章内容的编排上注重多元化、丰富化的创新形式提升传播影响力。媒介丰富度理论将媒介分为高丰富度媒介、中丰富度媒介和低丰富度媒介。在信息同质化泛滥和受众注意力稀缺的时代，新京报微信矩阵通过丰富的表达形式不仅将信息传播出去，还要使信息真正为受众所接受传播到受众的内心，提升自身的传播影响力。

新京报微信矩阵的组合形式丰富多样多种形式均有涉及，包括图文结合、文+视频、图文+视频、文+音频、图文+音频，形式单一（纯图片、纯文字、纯视频），文+视频的形式集中分布在视频和动新闻中，这两个账号发挥视频制作的专长，用可视化的动态场景传递信息，使受众更易理解和接受传播的内容。动新闻在新闻报道中注重对度的把握，运用 3D 场景模拟技术和二维动画展现微观世界还原事件发展的全过程，减弱了事件过程中的冲击性内容的展现，遵守了新闻报道中的新闻伦理和道德底线。

第二，编排布局注重推广，拓展传播价值。新京报微信矩阵的编排布局中注重利用二维码的形式对微信矩阵内的账号以及自身账号进行推广，同时设置相应的超链接拓展信息的外延提升传播空间。

一是，新京报微信矩阵注重对矩阵整体和主体账号的推广。新京报微信矩阵中众多个账号的编排布局非常注重推广。每期推送内容文章的结尾底部、留言区上部都会放置推广账号的二维码或者新京报微信矩阵的构成图，这种传播方式使潜在用户能够方便快捷地实现对账号的关注扩大受众范围。同时这种方法也可以实现对新京报微信矩阵中其他账号以及新京报客户端的推广，提高新京报微信矩阵整体的知名度，为潜在用户向现实用户的转变提供了便捷的途径。

二是，新京报微信矩阵排版布局中通过设置链接的方式扩大传播空间。新京报微信矩阵瞄准小程序场景链接能力的天然优势，在编排布局中合理化运用小程序外部链接，实现信息传播的多维跨越。新京报微信矩阵对小程序的开发利用呈现常态化，其中新京报书评周刊对小程序链接的使用最为活跃。

新京报微信矩阵的编排布局充分利用了新媒体的传播特点，综合运用了富媒体的表现方式使信息内容更加符合受众的阅读习惯和要求，提高了信息传播的有效性。超链接的布局形式丰富了可见文本信息的内涵，特别是对小程序场景工具的有益尝试拓展了信息传播的外部链接功能，实现了内外联合的互动传播。新京报微信矩阵中的其他账号也可对小程序场景链接进行开发，找准两者之间的契合点实现内容定位与链接的适配，从而使“独奏”变为“合唱”，发挥它的最大功效。

（3）新京报微信矩阵的内容规律性推送。新京报微信矩阵中的主体账号在这一时间段非常活跃，每天都会在这一时间段为用户送来信息。10 点到 13 点活跃的账号主要是“新京报书评周刊”“传媒研究”和“新京报评论”，这三个子账号的推文内容具有较高的文化内涵适合深度阅读，用户对象主要为一些知识文化底蕴较高的高素质人员，10 点到 13 点是受众群体能够深入阅读文章的黄金时段。18 点到 21 点是用户下班途中和晚饭后的睡前阅读时间，这个时段的推文同样与用户的活跃时间相吻合。下午时段和 22 点以后则形成了微信推送的真空期，大部分人处于工作的繁忙之中以及休息时间，用户很容易忽略推文造成传播效果的下降。

新京报微信矩阵规律性的推送，能够培养用户的阅读习惯，增强微信矩阵总体的陪伴属性；同时抓住用户活跃的高峰期推送文章，使传播效果更加理想化。新京报微信矩阵内公众号规律性的推送有利于培养用户的使用习惯，提高信息的传播效果。由于微信自身媒介的特殊性，微信公众号的信息提示并不像社交聊天具有强提醒，因此只有争取受众的注意力，才不会让更多的信息淹没在众多的微信列表里。媒体技术高度发达的时代中，受众很容易从其他渠道获取信息；新京报微信矩阵通过符合受众阅读习惯的规律性信息推送，吸引受众提高用户黏性。

4. 新京报微信矩阵的优化策略

（1）打造核心竞争力，扩大传播空间。

第一，构建全媒体矩阵，促进品牌共振效应。新京报的创办为中国的传播业注入了新鲜的活力，并逐步成为中国都市报的引领者。面对传播环境的变化，新京报不断进行创新改革，稳中求变、变中求进；从一张报纸发展成为国内大型综合日报的典型代表。因此，打通传播渠道成为新京报微信矩阵提高影响力加强品牌建设的努力方向。扩大传播影响力，建设全媒体矩阵不仅仅是局限在微信矩阵之中，也要实现“报纸、网络、客户端、微博、微信、抖音、快手”等全渠道覆盖。新京报微信矩阵在实践中对这些领域做了积极的尝试，对渠道的推广进行了调整，坚持移动优先战略。

新京报微信矩阵在全媒体矩阵的构建发展中，除了内容分发上的作用以外，还要注重借助微信矩阵中的成员进行互相宣传；通过互相转载注明来源、配上相应二维码等方式方便受众关注，提升新京报品牌的知名度和影响力，打造共同发展的矩阵效应。新京报微信矩阵要打通全媒体矩阵实现内容集约化多元化生产，拓展新京报的传播空间，迎合媒介融合的趋势，在不断锐意改革中提升自身的竞争力，在“破旧”与“立新”中不断发展成长。

第二，突破短视频渠道，占领平台分发高地。新京报微信矩阵中“视频”和“动新闻”是以短视频为主要生产内容的微信账号，两个账号在运营过程中取得了良好的传播效果，实现了跨越式的发展。新京报微信矩阵在发展中遵循着“顺势而调”的原则，能够根据传播环境的变化和新媒体技术的发展以及受众信息接受习惯的改变不断进行调整。面临传播渠道的多元化以及用户阅读习惯的改变，新京报微信矩阵在传统图文表达的基础上创新形式，加大对视频表达形式的投入、并取得了一定的成果。

新京报微信矩阵中的微信账号，开设了快手和抖音账号并且粉丝超过了百万，但是在日常的内容推送、总体策划以及推送机制上还有待加强。同时，新京报微信矩阵进军新的推广渠道也要注重对品牌的宣传，例如在视频的最后附上视频来源“新京报出品”等品牌推广信息，也是提升品牌效应的有力措施。短视频平台也有评论和分享的功能，加强与受众在评论区的互动，提高受众意识增强受众之间的维系也是需要提高改善的方面。

（2）明晰盈利模式，实现良性发展。

第一，明晰多元化盈利模式。微信公众号要想长久地运营下去必须要考虑平台的成本与盈利问题。新京报微信矩阵需要明晰多元化盈利模式，积极利用媒体特性开展信息销售来创收盈利，以期促进新京报微信矩阵总体的良性发展。

一是，新京报微信矩阵可以利用传统增收模式，凭借丰富且制作精良的原创内容增加文章的阅读量。新京报微信矩阵的运营者在信息传播中要严格把关内容品质，提升文章的传播广度与深度，打造创收盈利的置换资源，吸引广告商的注意力增加广告的投放量。

二是，新京报微信矩阵可以发挥平台优势开展线上盈利，通过软文的形式为商家传播有关娱乐、餐饮、休闲等多个领域的内容。同时新京报微信矩阵也要扩大商业合作范围寻找大型商业合作伙伴，在传播平台中以话题互动等方式对商家的服务或产品进行宣传获得盈利。新京报微信矩阵也可自主创建品牌，从合作的商家中选择知名度高、综合实力强的商家开展合作建设自主品牌，使受众在浏览信息中方便购买喜欢的产品，享受资讯与服务一体化的优质服务。

新京报微信矩阵中的其他账号成员也可适当借鉴这一模式，与特色实体店商家共同策划线下推广活动；并以免费体验和抽奖福利等形式增加微信平台、合作商家与受众的互动，同时从中收取部分宣传收益。因此，新京报微信矩阵可以利用自身丰富的信息内容，按照不同的标准和需求，进行内容分类整理，开展精准营销来获取利润。但是在开展精准营销时要把握适度原则，在受众可接受的范围内展开，否则会损坏品牌形象。

第二，完善广告盈利模式。新京报微信矩阵在微信文章内容的创作过程中要兼顾广告内容的运用与管理；广告内容要与推文内容实现良好的融合以合理、合法的形式呈现出来，进一步创新广告盈利模式。新京报微信矩阵要在平衡广告主与受众的诉求中完善广告内容的运用与管理。广告的形式会影响用户的使用感受，因此广告的宣传要以用户为导向避免硬性宣传，结合热点话题巧妙地植入到文章当中。

新京报微信矩阵要想突破传统的广告发布模式，需要根据用户的媒介使用习惯，以用户需求为导向，对广告的呈现形式和发布模式加以改进，提升更大的盈利空间。新京报微信矩阵在对产品进行宣传时应具有明显的广告标识，以免让受众产生误解。新京报微信矩阵为了提升文章的传播效果和用户的关注度也需要注重广告质量的把关，提高商业活动的综合辨别能力，根据商家的质量和口碑等综合因素进行筛选维护用户的利益。

（3）人才培养与引进并重。新京报微信矩阵的运营团队不仅关系到内容生产的优劣、内容的呈现形式、内容传播等，还关系到新京报媒介形象的树立、品牌的推广。因此建立一支高素质的人才队伍至关重要。

第一，人才专业化培养。新京报微信矩阵需要加强技术人才的专业化培养，真正实现内容生产的专业化。新京报微信矩阵依托微信平台扩大了传播空间，微信平台具备技术属性，因此技术人才的培养尤为重要。新京报微信矩阵团队由纸媒转型新媒体对技术层面存在短板，技术的不断更新更是对转型新媒体的运营者提出了更高的要求。新京报微信矩阵传播内容覆盖范围广，将技术手段运用到信息发布中以更为贴切的方式进行传播，有利于提升传播效果。因此，新京报微信矩阵团队要重视对技术型人才的专业化培养，增强整个矩阵团队的传播能力。

采编人员的业务能力和素养直接影响微信公众号内容质量的高低。因此，新京报微信矩阵要培养与微信平台适配的高素质采编队伍，既要有扎实的新闻编辑功底，又要熟谙各种新媒体的编辑理念技巧。因此，对于采编队伍的人员的培养，更应当强调专业素质和专业能力，这也是新媒体传播对于从业人员的客观需求。其次，新京报微信矩阵的运营人员应当具备高度的新闻敏感性，迎合新媒体即时性传播的特点。此外，采编人员需要具有敏锐的观察力和洞察力在海量的新闻资讯中找出适合微信公众号传播的内容。

第二，加强人才引进。新京报微信矩阵运营团队的建设不仅要靠媒体内部的人才培养，更要重视人才的引进。新京报微信矩阵的主体业务是内容的生产与传播，对人才培养的优势并不突出，仅仅依靠自身的力量是远远不够的。所以，新京报微信矩阵在注重人才培养的同时，更要重视对人才的引进。新京报通过招聘名校毕业生，为毕业生提供工作岗位的同时也引进了高素质的人才，兼备社会效益和企业效益。新京报微信矩阵还可以通过高薪聘请的方式引进其他媒体机构中拥有丰富媒体工作经验的优秀人才，为新京报微信矩阵的运营团队注入活力。人才引进之后也要注重对人才的培养，同时还要通过相关的管理机制和奖励机制留住人才，减少人才的流失。

（4）整合用户资源，推进矩阵融合。

第一，增强用户互动，扩大用户规模。新媒体和传统媒体融合发展的媒介生态背景下，新京报微信矩阵要想实现融合发展关键因素是对受众价值的肯定与尊重，并在互动过程中扩大信息传播的深度，让受众真正参与到传播的过程当中。互动过程中，传播者与受传者之间存在一种传播关系并通过两者之间作出反应的形式得以建立和维系。新京报微信矩阵的健康发展，通过互动形式与受众建立传播的“强关系”；在更大程度上增强用户黏性、培养用户的忠诚度、促进矩阵之间的融合发展，扩大品牌效应。

新京报微信矩阵总体的受众互动率也较低，对传播内容进行推广的意愿有待提高。所以，新京报微信矩阵要有针对性地增加用户互动数量，提升互动质量，加强与受众之间关联性的建立。同时也应在互动方式上进行创新，加强线上与线下的联动，使受众真正融入其中。无论是新京报微信矩阵中的“王牌账号”，还是活跃性差的账号都应在用户互动的方式、频率和质量上进行总体提升，在互动的过程中尊重与肯定受众的价值，激发受众参与传播的活跃性和积极性。

信息传播的最终目的是将信息有效地传递到受众的内心，新京报微信矩阵增强与受众之间的互动，有利于整体传播效果的提升。运营者与受众之间平等的信息交流利于建立良好的互动关系，将潜在用户发展为真正用户，扩大用户规模，提高新京报微信矩阵总体的传播力和影响力。

第二，账号帮扶发展，实现双向引流。微信传播矩阵是由核心账号与子账号共同组成的整体，提升微信矩阵整体的传播力、影响力，不仅要发挥核心账号的引领作用，更需要具体账号之间的相互合作。新京报微信矩阵账号的帮扶发展，有利于将“独奏”变为“合唱”，发挥团队的力量达到 1+1>2 的效果，提升新京报微信矩阵的传播合力。核心账号对子账号的帮扶发展包括两个方面：①通过核心账号对子账号推广宣传的方式，提升微信矩阵账号在各细分领域的知名度和影响力；②子账号可以利用核心账号内容和技术的优势提升传播能力实现资源共享。新京报微信矩阵中比较活跃的账号新京报、新京报评论等，要加强对微信矩阵账号的推广和宣传，以强带弱实行帮扶发展，提升矩阵整体的传播影响力。文章推送是微信平台的基础业务，同时也是微信平台最重要的业务；通过文章转载的方式既可以丰富账号的内容构成，又可以起到宣传推广被转载账号的作用，优秀文章的转载同时可以对账号和被转载账号起到双重推广的作用。新京报微信矩阵账号之间很少进行文章转载，除了活跃账号的文章被转载外，京蜜和新京报乡村的少量文章在微信矩阵中也有转载，但是总体上数量很少。所以通过转载文章的方式实现账号之间的帮扶宣传是非常有必要的。

新京报微信矩阵在转载文章的时候，于标题下方放置链接端口通往被转载账号的微信公众号，并注明文章的来源。新京报微信矩阵在推广工作上非常注重对新京报客户端的宣传，矩阵中半成的账号都会在文章的尾端放置新京报客户端的下载链接。虽然也会通过放置微信矩阵图的方式对矩阵总体进行宣传，但是并没有相应的链接下载入口。因此，新京报微信矩阵在转载文章时可以在每期文章下方设置子账号二维码使受众方便快捷地关注，实现账号的推广提升子账号的知名度，让受众进一步了解新京报微信矩阵的整体。

新京报微信矩阵中不同账号在技术和内容生产能力上存在差距，生产能力较强的账号可以为生产能力弱的账号提供技术支持和信息共享，实现信息的多重生成和多元传播。新京报矩阵整体之间要通过技术帮扶，提高矩阵整体的生产能力。新京报微信矩阵要实现矩阵账号内容资源的共享，每个账号都可以根据其他账号的推送文章进行风格的改造创新。根据账号具体的细分定位，对文章实现新的组织和整合，突显本账号的特色，从而实现内容的多元化传播。

第四节　微信运营的问题及策略

一、内容创作的困境与突破

内容是微信公众号的灵魂所在，但在实际运营过程中，内容创作常常遭遇诸多难题。首先，内容创新不足是一个突出问题。许多运营者在初期能够产出新颖有趣的内容，但随着时间推移，创意逐渐枯竭，导致内容变得千篇一律。其次，内容质量参差不齐也是一个不容忽视的问题。由于缺乏有效的内容审核机制，一些低质量，甚至错误的信息可能被发布出来，损害公众号的信誉。最后，持续产出高质量内容的压力也让不少运营者备感疲惫。

为了解决这些问题，运营者可以采取以下策略：

第一，建立内容创新机制。鼓励团队成员提出新的想法和观点，定期组织头脑风暴会议，激发创作灵感。

第二，制定内容质量标准。建立严格的内容审核机制，确保发布的每一篇文章都符合既定的质量标准。

第三，引入外部资源。与其他优秀的内容创作者或机构合作，共同打造高质量的内容。

二、用户增长的瓶颈与对策

用户增长是微信公众号运营的重要目标之一，但在实际操作中，用户增长往往会遇到瓶颈。一方面，用户增长可能停滞不前，即使投入大量的时间和精力，也难以吸引新用户；另一方面，新增用户留存率低，很多新用户在关注后不久就取消关注，导致用户群体不够稳定。

为了打破用户增长的瓶颈，运营者可以尝试以下方法：

第一，精准定位目标用户。深入了解目标用户的需求和兴趣，制定符合他们口味的内容策略，提高内容的吸引力。

第二，多元化推广渠道。除了在微信平台内部进行推广外，还可以利用其他社交媒体平台、线下活动等多种渠道进行宣传，扩大公众号的知名度。

第三，优化用户体验。提供优质的服务和用户体验，让用户在使用过程中感受到关怀和温暖，提高用户的留存率。

三、用户参与度的提升策略

用户参与度是衡量微信公众号运营效果的重要指标之一，它包括了阅读量、评论数、转发量等多个方面。如果用户参与度不高，那么就意味着公众号的内容并未引起用户的广泛关注和兴趣，这时就需要运营者采取一系列的策略来提升用户的参与度。

第一，高质量的内容是提升用户参与度的基石。每一篇文章都应该具有独特的观点和价值，能够引发用户的思考和讨论。在内容制作上，可以关注时事热点，结合热点话题来撰写文章。同时，也要注重内容的原创性，避免抄袭和重复发布。

第二，引导用户参与也是提高用户参与度的重要手段。在文章中设置提问、讨论等环节，鼓励用户发表自己的看法和意见。这样可以激发用户的主动性，让他们更积极地参与到公众号的互动中来。此外，还可以设置话题讨论，邀请用户共同探讨某一问题，从而提高用户的参与度。

第三，定期举办互动活动也是提升用户参与度的有效方式。例如，可以举办线上抽奖、问答等活动，激发用户的参与热情。同时，还可以结合线下活动，如举办粉丝见面会、公益活动等，拉近与用户之间的距离，增强用户的归属感。

第四，运营者还可以通过数据分析，了解用户的喜好和需求，从而调整内容的推送策略。例如，可以分析用户阅读量、转发量等数据，找出最受欢迎的文章类型和话题，然后有针对性地推送类似内容。

第五，注意及时回复用户的留言和评论，展现出公众号的良好服务态度。对于用户的疑问和建议，耐心解答和采纳，让用户感受到公众号的用心运营。

四、内容推广的挑战与解决方案

内容推广是微信公众号运营中不可忽视的一环。然而，在实际操作中，运营者可能会遇到以下挑战：内容无法有效触达目标用户、推广手段单一、缺乏有效的反馈机制等。这些问题可能导致公众号的曝光率和市场竞争力下降。

为了解决这些问题，运营者可以采取以下策略：

第一，精准定位目标用户。通过分析用户数据和行为习惯，确定目标用户群体的特征和需求，以便更有效地推广内容。

第二，多元化推广手段。除了传统的图文推广外，还可以尝试视频、音频等多种形式的内容推广，提高内容的吸引力和传播效果。

第三，建立有效的反馈机制。通过收集用户反馈和数据分析，及时了解内容推广的效果和用户需求变化，以便调整推广策略和方向。

综上所述，微信公众号运营中存在的问题多种多样，需要运营者不断总结经验教训并采取相应的解决策略。只有这样才能够不断提升公众号的运营水平和市场竞争力实现可持续发展。

短视频运营与策划研究

第一节　短视频运营概述

短视频，是指那些时长短、内容紧凑、易于消费的视频内容。一般来说，短视频的长度控制在 5 分钟以内，甚至更短，能够在短时间内传递信息或娱乐观众。“随着移动互联网的快速普及，短视频以短小精悍、富有创意、交互性强、目标精准等特性，符合用户移动化、碎片化的阅读需求。”①

一、短视频的特征

第一，短小精悍，内容深刻。短视频以其独特的时长优势，对内容进行了高度的精练，使其在短时间内能够传达出核心信息或触动人心的情感。这种精练之处，让观众在观看过程中更容易集中注意力，也更易被作品所吸引和打动。这不仅提高了信息的传播效率，也使短视频在众多媒体形式中独树一帜，深受广大观众喜爱。

第二，丰富多彩，形式各异。短视频的创作形式极为丰富，纪实、动画、音乐、舞蹈、搞笑等元素都可以融入其中。内容的多样化，使得短视频可以满足不同观众的需求，无论是对生活百态的记录，还是对艺术形式的展现，短视频都能做到精彩纷呈。这种多样性不仅使短视频具有极高的观赏性，同时也为创作者提供了广阔的发挥空间。

第三，传播力强，互动性高。在互联网的推动下，短视频的传播速度迅猛，

---

①陈雅萍．县级融媒体中心短视频新闻生产运营的困境与对策探究——以莲都区融媒体中心短视频新闻生产运营为例[J]．新闻研究导刊，2023，14(17)：93.

一旦发布，便可以迅速被大量用户观看和分享。短视频的互动性也极为突出，观众可以通过点赞、评论、转发等方式参与到作品的传播中，表达自己的观点和情感。这种高效的互动，使短视频成为一个汇集大众智慧的平台，也使其在信息传播、文化交流等方面发挥着越来越重要的作用。

第四，制作简便，参与度广。随着智能手机和短视频制作软件的普及，制作短视频的门槛越来越低。普通人也可以通过简单的操作，制作出高质量的短视频。这种低门槛的特点，使得更多的人可以参与到短视频的创作和分享中来，推动了短视频的繁荣和发展。短视频已经成为一种全民参与的文化现象，展示了大众创意的魅力。

二、短视频运营的必要性

第一，短视频运营能够有效提升品牌知名度。在信息爆炸的时代，消费者的注意力成为一种稀缺资源。短视频以其直观、生动的表现形式，能够迅速抓住用户的眼球，传递品牌信息。通过精心策划的内容和创意，短视频可以在短时间内达到高曝光度，从而提升品牌的认知度和影响力。

第二，短视频运营有助于增强用户黏性和互动性。短视频平台通常具备强大的社交属性，用户可以通过点赞、评论、分享等方式与内容互动。通过运营短视频，企业可以与用户建立更紧密的联系，了解用户需求和兴趣点，从而提供更加个性化的服务和产品。同时，短视频的互动性也能够激发用户的参与感和归属感，增强用户对品牌的忠诚度。

第三，短视频运营有助于拓展销售渠道和提高转化效率。短视频不仅可以作为品牌宣传的工具，还可以直接嵌入电商平台，实现产品的展示和销售。通过短视频运营，企业可以将潜在客户转化为实际购买者，提高销售额和利润率。此外，短视频还可以与其他营销手段相结合，如优惠券、限时秒杀等，进一步提高转化效率。

短视频运营对于内容创作者和行业从业者而言同样具有重要意义。对于内容创作者而言，短视频提供了一个全新的创作平台，他们可以通过创作有趣、有价值的短视频作品吸引粉丝和关注者，实现个人价值的最大化。对于行业从业者而言，短视频运营可以帮助他们更好地展示行业特点和产品优势，吸引潜在客户和合作伙伴，推动行业的发展和创新。

三、短视频运营的研究发展趋势

在今天的数字化时代，短视频平台已经成为获取信息、娱乐和社交的重要途径。然而，如何在众多的短视频平台中脱颖而出，提供更好的用户体验，吸引和留住用户，成为平台运营的关键挑战。为了应对这一挑战，我们需要从以下五个方面对短视频平台进行深入研究：

第一，粉丝行为研究。粉丝是短视频平台的重要用户群体，他们的行为和偏好对平台的繁荣与否起着至关重要的作用。因此，深入了解粉丝的活跃度、观看习惯、互动行为等，有助于平台优化用户体验，提供更个性化的服务，从而提高用户满意度。此外，通过分析粉丝的喜好，平台可以制定更有效的推广策略，吸引更多的用户加入。

第二，创作研究。短视频平台的内容创作是平台生态的核心，优质内容是吸引用户的关键。因此，研究内容创作的过程，包括内容的制作、编辑、发布、营销等环节，对于提升内容质量，打造平台特色至关重要。通过利用数据分析，平台可以更精准地把握用户需求，优化内容策略，打造出更具吸引力的短视频。

第三，社交互动研究。短视频平台强调社交互动，用户之间的互动和分享是推广平台内容的重要途径。因此，探索用户之间的关系和网络，了解用户分享的动机和行为，有助于平台提升用户粘性，扩大影响力。通过加强社交互动，用户可以更好地参与到平台内容创作和传播中来，形成一个良性循环。

第四，数据分析研究。大数据时代，如何更好地利用数据预测用户需求，优化推荐算法，成为短视频平台成功的关键。通过深入挖掘用户行为数据，平台可以更准确地了解用户喜好，实现精准推荐，提高用户在平台的活跃度。同时，数据分析还可以帮助平台优化运营策略，提升盈利能力。

第五，营销策略研究。短视频平台的营销策略对于吸引用户和商家至关重要。研究如何提高平台的品牌知名度，扩大市场份额，以及如何让用户更加信任和认可平台，是营销策略研究的重点。通过创新的营销手段，平台可以提升用户满意度，增加用户忠诚度，从而在激烈的竞争中脱颖而出。

第二节　短视频账号注册与运营

一、短视频账号定位

在短视频行业中，账号定位是至关重要的一步。一个清晰、准确的账号定位不仅能够帮助创作者在海量内容中脱颖而出，还能确保目标用户群体的精准触达。具体而言，短视频账号定位主要涵盖变现定位、内容定位和人设定位三个维度。

（一）变现定位

变现定位是指账号在运营过程中，明确其商业价值和盈利方式。这一步骤不仅关系到创作者的收入来源，也直接影响着内容创作的方向和策略。常见的短视频变现方式包括广告合作、品牌代言、商品推广、会员制等。创作者需要根据自身的资源、能力和市场需求，选择最适合自己的变现方式，并在内容创作中融入相关的商业元素。

在进行变现定位时，创作者还需要充分考虑行业趋势和市场环境。例如，随着短视频与电商的深度融合，越来越多的创作者开始尝试直播带货等新型变现方式。此外，随着用户对优质内容付费意愿的提升，会员制等付费模式也逐渐成为短视频变现的新宠。因此，创作者需要密切关注行业动态，及时调整自己的变现策略。

（二）内容定位

内容定位是指账号在短视频平台上发布的内容类型、风格和主题。一个好的内容定位能够吸引目标用户的关注，提高账号的曝光率和用户黏性。在进行内容定位时，创作者需要充分考虑自己的兴趣、专长和市场需求，选择最适合自己的内容领域。

同时，创作者还需要关注内容的时效性和热点性。短视频平台上的用户群体以年轻人为主，他们喜欢追求新鲜、有趣、有料的内容。因此，创作者需要紧跟时事热点，结合用户需求，创作出既有趣又有深度的短视频作品。此外，创作者还需要注重内容的多样性和创新性，避免陷入内容同质化的困境。

（三）人设定位

人设定位是指账号在短视频平台上所塑造的人物形象和性格特点。一个鲜明、独特的人设能够帮助创作者在海量内容中脱颖而出，吸引更多用户的关注和喜爱。在进行人设定位时，创作者需要充分考虑自己的性格、气质和形象特点，结合目标用户的需求和喜好，打造出一个真实、立体、有吸引力的人物形象。

同时，创作者还需要注重人设的连贯性和一致性。一旦确定了人设定位，就需要在后续的短视频创作中保持一致的风格和形象，避免给用户造成混乱和不适。此外，创作者还需要根据市场反馈和用户需求，及时调整和优化人设定位，确保账号的持续吸引力和竞争力。

综上所述，短视频账号定位是一个多维度、综合性的过程。创作者需要综合考虑变现定位、内容定位和人设定位等多个方面，确保账号在短视频平台上具有明确的商业价值和市场定位。同时，创作者还需要根据市场变化和用户需求，不断调整和优化账号定位策略，确保账号的长期发展和竞争力。

在实际操作中，创作者可以通过市场调研、用户画像分析、竞品分析等手段，深入了解行业趋势、用户需求和市场环境，为账号定位提供有力的数据支持。同时，创作者还可以借助短视频平台的推荐算法和内容分发机制，提高账号的曝光率和用户黏性。

二、短视频账号对标

确定账号定位后，下一步便是进行对标分析，这是提升短视频平台运营能力的关键环节。通过深入剖析同行业内的热门账号，能够洞察行业动态和受众偏好，进而明确自身的内容策略和增强品牌影响力。锁定目标账号后，将进行全面的对比分析，包括以下三个方面：

第一，人设定位对标。深入剖析热门账号的人设定位，观察他们如何塑造个人品牌形象。无论是美食达人、美妆博主还是旅行达人，都要理解受众对他们的认知和期待，并思考如何在自己的账号中打造独特的人设。

第二，内容方向对标。细致观察热门账号的内容创作方向，分析他们的视频主题和类型。思考他们的视频内容涵盖了哪些方面，是否有特定的主题或风格。通过这一分析，把握行业趋势和受众需求，为内容创作提供灵感。

第三，表现形式对标。研究热门账号的视频拍摄和呈现方式，观察他们采用的技术手段和视觉效果。思考他们的视频是如何吸引观众眼球的，是通过精美的画面、流畅的剪辑还是独特的视角。借鉴这些成功经验，可以优化自己的视频制作流程，提升内容质量。

在对标分析的过程中，要注重创新和差异化。虽然“模仿”是学习的一种方式，但要避免简单地抄袭和搬运。通过拆解热门账号的人设、文案、画面和节奏等元素，可以进行有针对性的模仿和创作，打造出具有自己特色的优质内容。同时，时刻遵守平台规则，确保内容的原创性和合法性。

三、短视频账号搭建

搭建短视频账号，通过注册账号并完善账号信息，创作者可以为自己的个人或品牌建立一个具有个性化和吸引力的在线存在。

（一）账号注册

第一，个人账号注册。①在手机应用商店中搜索“抖音”，下载并安装应用程序。②打开抖音 App，点击右下角的“我”图标，进入个人中心页面。③如果是新用户，点击“手机号/邮箱快捷注册”，输入手机号码或邮箱地址，获取验证码并输入，设置用户名和密码。④完善个人信息，如昵称、性别、出生日期等。⑤完成注册后，可以使用抖音 App，进行内容创作和社交互动。

第二，企业账号注册。①准备三证合一的营业执照原件照片、认证公函加盖公章、法人身份证正反面照片等材料。②缴纳认证费用，通过抖音 App 内的企业号认证入口，上传相关材料进行认证。③完成企业蓝 V 认证，获得官方认证标识。

（二）账号要素

在短视频平台中，一个成功的账号不仅仅依赖于内容的质量，更在于其独特的账号要素设置。这些要素如同账号的“名片”，向外界展示着账号的形象与定位。以下是短视频账号搭建中不可或缺的四大要素。

第一，头像。在数字世界中，头像往往是给外界的第一印象。因此，选择一个清晰、高质量、与账号定位相符的头像至关重要。对于个人创作者，可以选择一张能够展现自己特点或风格的照片；而对于品牌账号，品牌标志或具有代表性的产品图片则更为合适。这样的头像不仅能增强账号的辨识度，还能帮助用户在众多账号中迅速找到你。

第二，背景。背景图同样承载着展示账号特色的使命。一个美观、专业的背景图能够为账号增添不少魅力。个人账号可以选择与头像风格相协调的图片，而品牌账号则可以利用背景图展示品牌文化、产品或服务。精心设计的背景图不仅能使账号更加个性化，还能增强用户对账号的信任感。

第三，昵称。昵称是账号在平台上的“名字”，一个独特、易记且与账号内容高度相关的昵称能够吸引更多用户的关注。创作者在选择昵称时，可以结合自己的兴趣、特长或账号定位，打造一个既有个性又易于传播的昵称。对于品牌账号来说，选择一个与品牌形象相符、易于记忆的昵称则更为重要。

第四，简介。简介是账号的“自我介绍”，也是吸引用户点击关注的关键。一个简洁明了、具有个性化的简介能够迅速抓住用户的注意力。在撰写简介时，创作者或品牌需要明确回答四个问题：我是谁？我是做什么的？我能为你提供什么独特的价值？怎么联系我？这样的简介不仅能增加账号的吸引力，还能帮助用户更好地了解账号的价值。

四、短视频内容创作

短视频内容输出主要指创作者对视频内容进行创作并发布到平台。前提是要有必要的硬件和人力准备。日常拍摄工具使用手机即可，创作者要有一定的拍摄和剪辑知识。

第一，确定选题。确定选题是短视频内容创作的第一步，它决定了视频将要传达的信息。选题要符合账号定位，同时要与粉丝的兴趣高度关联。一个成功的选题应满足以下两个关键要素：①符合账号定位。账号定位是创作者在进行内容创作时的基本遵循，它决定了短视频的风格、受众群体以及传播渠道。因此，在确定选题时，要充分考虑账号的定位，确保选题与账号的整体风格和目标受众相匹配。②与粉丝兴趣高度关联。了解粉丝的兴趣和需求是短视频创作者的重要任务。选题时要紧密围绕粉丝的关注点，抓住他们的痛点、痒点或热点，使视频内容具有较高的吸引力。只有内容与粉丝兴趣高度关联，才能引发粉丝的关注、讨论和分享，从而实现短视频的传播效果。

第二，制作视频。制作视频是短视频内容输出的核心环节，要求创作者有一定的拍摄和剪辑知识能力，在制作视频时有一些关键节点需要注意：①视频拍摄。确保视频画面清晰、稳定，光线明亮，声音清晰。②根据脚本进行拍摄。根据选题设计脚本，根据脚本进行拍摄。脚本就是一个简单的电影剧本，对视频文案、人物、画面、场景都提前进行规划，才能确保拍摄顺利进行；③剪辑和特效。使用剪映、轻抖等专业的软件工具进行剪辑和特效处理。剪辑时要注意节奏感和视觉效果，特效要与视频内容相匹配。④配乐和字幕。选择适合视频内容和情绪的配乐，并添加字幕来传达更多有效信息和引导观众。

第三，设计封面。设计封面是吸引观众点击观看视频的重要因素之一。一个吸引人的封面可以增加视频的点击率和分享率。设计封面的几个要点为：①主题明确。封面应能够清晰地传达视频的主题和内容。使用相关的图片和文字来展示视频的亮点。②简洁明了。尽量保持封面简洁，不要过于拥挤。使用清晰的字体和颜色，以便观众能够一目了然。③吸引眼球。使用视觉冲击力强的元素来吸引观众的眼球，如明亮的颜色、有趣的图案等。

第四，发布视频。视频制作完成以后，就可以发布到平台了。视频发布，有一点需要注意的就是发布时间，要在目标受众活跃的时间进行发布。账号有了一定数量的粉丝后，创作者服务中心后台数据中心的粉丝里可以查阅到准确的粉丝活跃时间。

五、短视频数据指标

在短视频账号运营的旅程中，数据优化无疑是一个不可忽视的重要环节。一旦作品发布，真正的挑战在于如何根据观众的反馈和数据的指引，持续优化内容，提升账号的整体表现。平台的推荐系统背后，是一套复杂的数据算法，它决定了哪些内容能够脱颖而出，获得更多曝光。

核心数据指标如下：

第一，完播率。完播率反映了观众对你的视频内容的兴趣程度。一个高完播率的视频意味着它在短时间内吸引大量观众，并成功保持他们的注意力。

第二，点赞率。点赞是观众对视频内容喜爱程度的直接表达。一个高点赞率的视频通常意味着它触动了观众的情感，或者提供了有价值的信息。

第三，评论率。评论率反映了观众与视频内容的互动程度。当观众愿意留言分享他们的看法或感受时，这意味着视频已经引发了深入的讨论和互动。

第四，收藏和转发率。收藏和转发是观众对视频内容长期价值的认可。若视频被认为值得保存或分享给他人，那么它的收藏和转发率就会相应提高。

第三节　短视频的制作与传播

一、短视频的制作

第一，视频素材准备。收集和整理视频素材，这可能包括录制视频，或者从网上查找和下载相关视频片段。

第二，视频剪辑。将视频素材导入到视频剪辑软件中，进行剪辑。剪辑过程可能包括裁剪视频片段，调整视频顺序，添加转场效果等。

第三，添加字幕。在视频上添加字幕可以使视频内容更加丰富。可以通过软件上的“字幕”功能，选择自己喜欢的字幕样式，将其拖拽到时间轴上，然后调整字幕在视频上出现的时间以及停留的时长。

第四，调整字幕。如果添加的字幕遮挡了视频上原来的字幕，可以在软件的监视器面板上调整字幕的位置。可以直接点击字幕框，将它拖拽到视频上合适的位置。

第五，添加音乐背景。在短视频上添加音乐，可以烘托视频的氛围，也可以提升视频的创意。可以在软件上找到属于自己视频的背景音乐，或者将自己的音乐添加到软件中。

第六，添加动画特效。想要在短视频上添加动画等特效，可以点击软件上的

“效果”按钮，挑选一个适合自己视频风格的动画特效，拖拽到时间轴上，调整它在视频中出现的时间。

第七，导出视频文件。制作好的短视频作品，还需要保存到电脑中。点击软件上的“导出”按钮，在出现的页面上设置好视频的名称，选择好视频的存储路径。做好的短视频可以直接上传到自媒体平台。

（一）短视频的内容设计

创作者在平台上发布短视频是一件很简单的事情，但创作短视频最重要的一步就是内容定位。创作者只有内容定位清晰、准确，制作视频的时候才能够在后续短视频的制作、推广和吸引用户关注活动中起到事半功倍的作用。

内容定位决定了领域和题材的选择方向，并且是贯穿创作者某段时间创作短视频的主题。创作者定位短视频内容时，最简单有效的方式就是做自己最感兴趣、最拿手和最有资源的领域。创作者在制作短视频时要注意，内容定位专注一个领域即可，不要随意更换，避免出现“什么都做，什么都做不好”的结果。

短视频的个人标签也被称为广告语，即点击短视频应用后出现的那句话，这是创作者的标志，也是他的魅力和个人品牌。个人标签是短视频创作的第二要素，它可以让视频变得更加独特、唯一和与众不同。创作者在设计个人标签时，明确地向用户表示，只要按照我说的做就能够解决问题，通常情况下用户会点击观看视频，并且积极参与互动。但是，不能随意更改个人标签。

对于短视频而言，个人标签就像是一个人的标记一样，能够向别人展示创作者是怎样的一个人。如果随意更换，并且关键信息还不一样，那么只会模糊用户对创作者的记忆。纵观所有的短视频，只要视频中有个人标签的，几乎从来都不会换，始终保持如一。

在短视频中强势植入个人标签，给用户留下深刻的印象，即使对方暂时还没有成为创作者的粉丝。当看到创作者的作品时，也会在“熟悉感”的作用下点击观看。长此以往，用户自然而然就会转为粉丝。

（二）短视频的音乐选用与优化

短视频是实现音乐传播创新的重要媒介，音乐是驱动短视频发展生态的重要一环。

1. 短视频的音乐类型

(1) 影视音乐。

第一，相应影视作品，搭配原有的主题曲作为背景音乐。影视音乐起初都是以时下社会影响力较大的影视作品为依托，二次剪辑而成。其大多以影视作品原有的主题曲作为背景音乐，将影视作品的经典画面与影视作品中的音乐相结合，进行剪辑等后期艺术处理，最终形成短视频进行传播。这类音乐作品伴随着电视剧热度的提升，电视剧粉丝数量的增加，其在短视频平台中的热度也在不断提高，大多具有“以流量吸引流量”的特点。

根据文化影视作品剪辑而成的音乐类短视频具有明显的两极化。它们极易形成“几何裂变式”的爆炸性传播，但也极易产生瞬间销声匿迹、无人问津的失败“传播战绩”。

第二，影视作品剪辑，搭配其他背景音乐。如以某一自带流量的“最美古装影视明星”为中心，搜集其具有代表性的文化类影视作品，剪辑短视频，配以音乐为背景音乐，进行传播。此类视频的背景音乐不局限于某一影视作品中的音乐，而是将视野扩展至所有现存的音乐作品之中。这种以某一影视明星作为音乐传播的画面主角，在无形中，对音乐的传播提供了莫大助益。

音乐借助影视明星在吸引短视频平台中原有粉丝群体的同时，影视明星也会为该类视频的前期转发提供大量的受众基础。不仅如此，通过受众的内部转发，部分内容与背景音乐配合较为理想的短视频被多次转载，最终进行二次或是多次传播。这对于许多社会影响力不足的音乐作品而言，扫清了其第一轮的传播障碍，具有不可忽略、举足轻重的影响。

(2)“素人化”音乐。

第一，“素人化”翻拍。“素人化”翻拍，主要集中于社会反响良好的文化影视作品之中，指围绕某一影视作品，进行“素人化”的模仿。“素人”在翻拍的过程中对影视作品中的音乐进行裁剪，以匹配“素人”翻拍的具体需求。

第二，“素人化”创作。“素人化”创作是指短视频的内容以及背景音乐均由“素人”独立创作完成。此类短视频的传播范围以视频主角为中心，群众基础良好，极易与已有的影视公司合作，未来可期。这也是为何“素人化”创作在抖音中比比皆是的原因之一。

（3）“专业化”音乐。“专业化”音乐作品具有极高的专业性以及高度的社会认可。

第一，艺术团体作为传播主体。以专业演出团体作为宣传主体，其视频的音响效果较好，具有极强的代表性。此类传播主体均具有较为明确的传播音乐夙愿，以及较高的艺术造诣，是中国音乐传承的中流砥柱，也是中国音乐传播过程中最为“官方”的传播者。它们以抖音作为新的传播载体，一改原本音乐曲高和寡的产品印象。

第二，以演职人员作为传播主体。以艺术团体的演职人员为宣传主体，其内容大多是记录排练过程中的点点滴滴，目的多为缓解排练中的压力。此类视频以宣传个人为主，以宣传音乐为辅。它们起到了科普音乐常识的作用。

此类短视频在传播的过程中，对中国音乐的传播以及发展均作出了拉近受众与传播内容距离的历史贡献，为中国音乐的传承、发展打下良好的受众基础。但是，由于宣传范围有限，其综合的社会影响力远不及以艺术团体为宣传主体的音乐短视频。

第三，以观众为传播主体。以观众为传播主体的音乐短视频大多以观众观看某个演出的感受、心得等作为短视频的主要内容。短视频虽不曾过多涉及音乐的具体音响效果，但是对于经典音乐的推广，具有不可忽视的影响。

2. 短视频的背景音乐选用

（1）音乐节奏感。短视频的播放节奏和内容上的情绪大多都是通过背景音乐带动起来的。短视频的画面更有冲击力，这种冲击力的表现，主要是通过背景音乐和短视频画面节奏的相互匹配。一段音乐都有不同层次的转换，而这个时候也正是短视频层次转换的时候。在后期对短视频精剪时，画面的切换要跟着音乐的节拍去剪，这样才能让画面更带感。

既保证背景音乐与短视频内容相互呼应，又能强化音乐感，让画面和背景音乐毫无违和感。精彩的短视频都是张弛有度的，因此，对背景音乐整体节奏的把握也应该是有高有低、有缓有急的。快节奏的背景音乐配合着短视频画面，切换得快一些，才能让画面看起来是随着音乐进行舞动。

（2）音乐类型的选择。音乐的节奏要和短视频的画面互相匹配，但不能单纯追求节奏与“感觉”，从而忽略了音乐对视频内容造成的隐性干扰。短视频中添加背景音乐，只是为了在视觉的基础上，让观众的听觉也动起来。通过两者的结合，让视频中的剧情更加震撼。

背景音乐起到的只是辅助配合的作用，在音乐类型的选择上要更倾向于突出短视频的主要内容。纯音乐是常常用来做背景音乐的，因为纯音乐和其他类型音乐相比自身带有的感情色彩较少，避免观众将注意力由视频内容转移到背景音乐上。

（3）内容与含义的一致性。创作者在选择背景音乐的时候，一定要清楚音乐所表达的内容。因为音乐和视频的主旨思想相违背，会给短视频带来一定的负面影响。对于没有歌词的音乐，尽量选择风格和短视频贴近的作品。背景音乐的选择关系到主观情绪问题，短视频拍摄要考虑到情绪设置的对象，是视频中的人或者是一个画面，然后再根据特定对象的情绪来选择背景音乐。

（4）丰富的素材库。短视频运营者需要有丰富的音乐素材库，但是对于有实力的团队来说，请专业人士为短视频量身定做背景音乐是再好不过的选择。要想让背景音乐和短视频完美结合，需要有丰富的素材资源。

3. 短视频的音乐传播优化

（1）增加音乐作品的授权。增加授权的音乐作品内容，丰富授权曲库，以此从源头解决数字音乐版权问题。短视频平台是用户进行所有内容生产和传播活动的场所，并且平台所获利益与音乐作品、音乐账号所获利益密切相关，因此平台为用户制定使用规则，并默认用户接受这一系列规则，才准许用户在平台发布音乐内容，甚至获取收益。

音乐内容通过音乐短视频的形式直接在平台进行传播，平台可以算法设置或其他方式的机制在最短时间内发现和确认音乐内容的侵权问题，这是效率最高也是效果最佳的一种方式。因此，基于当前用户的使用环境，平台应该掌握住内容产品所属权，并制定一系列合理合法的规则来尽可能规避音乐侵权现象的出现。

音乐作品不同于一般商品，不能通过固定的质量标准或数据信息来区分真或假，因此像短视频平台这样的短视频，审核都依赖于人工审核，这受到财力、人力、时间以及资本配置的限制，从而难以审查所有内容产品。因此，从平台方的角度来看，对部分涉及侵权的音乐作品视而不见甚至放任自流，是受利益驱使的必然结果，这在各大平台中并不少见，但也使得平台方的审核角色遭到大众质疑。

（2）合理利用反馈机制。在短视频发展较为成熟的后期阶段，平台应该设置审核规则，利用平台人为地分配和引导总体的内容比重，以使具有相同背景音乐的不同类型的视频都有机会进行分发和传播，获得曝光度。在内容审核过程中，对高质量内容进行快速审核，提高审核的效率水平，为其分发更多的流量，优先推送这些内容，以不定期的方式进行复查；在普通内容层面，只需以正常流程来完成审核即可，对于与价值观取向相悖的内容，则要严厉处罚与打击。即在面对高质量用户时，由于其内容质量有一定的保证，可通过先发后审这一规则，鼓励用户创作更多内容，但对内容不够优质的用户，则以先审后发这一准则为主，发布前由平台通过系统或专人先进行审核，不过在审核时长方面，要尽可能缩短时长，避免在长时间的等待中，导致用户降低了对平台的创作与使用积极性、热情度。在后续的各项审核环节，可采用用户之间共同监督这一有效举措，对违规内容、质量较低的内容及时反馈，以便每个人都能参与到短视频的审查和建设中来。

（3）形成优质原创音乐 IP。优质原创音乐 IP 与短视频平台影响力具有相辅相成关系，优质原创音乐 IP 是当前短视频平台影响力的关键组成部分，而短视频平台影响力又为优质原创音乐 IP 在市场中的发展提供了助推力。

在媒介化社会背景下，短视频平台短视频体现出“人人皆媒体”的自媒体本质特征，即人人都能成为短视频中原创音乐的生产创作和发布主体。短视频平台用户因平台特性，能便捷地发布、分享和接收、欣赏原创、高质量的内容，而劣质、模仿的视频内容则很快会被淘汰。因此原创、高质量内容是短视频行业平台竞争时重中之重的因素。

从短视频平台大量日活跃用户以及短视频平台音乐类账号粉丝效应的积累来看，原创优质音乐 IP 拥有十分广阔的市场发展前景。而由于音乐媒介本身具有的巨大社会影响力，优质的音乐 IP 有被二次创作的可能性和潜力，应该将影响力和潜力充分利用起来，跳出对粉丝进行短期消耗的怪圈，以更加高级的审美视角进行跨界改编。短视频平台短视频的原创音乐 IP 不应该仅仅适用于短视频的背景音乐场景中，还应该走出短视频领域的局限，涉猎影视剧场景、动漫场景、娱乐场景等。可以充分了解社会的现实需要、依托大众价值取向的改变对音乐、文字、图像进行创新性的重构。

对歌词和乐曲的改编，其实是借助了经典歌曲在受众心中积累的地位，让用户在不自觉中感受到音乐的价值。通过将艺术元素或新式音乐元素与经典歌曲的结合，实现优质音乐 IP 的二次创作和创新。改编后的音乐，不仅可以走进 KTV、演唱会等场所，同时也能出现在电视节目中，将优质音乐 IP 的自身创新与各种类型的外部应用进行有机结合。因此，必须注重短视频平台与优质原创音乐 IP 的有机互联，以实现原创音乐 IP 的深度开发和广泛传播。

（三）短视频的剪辑

短视频剪辑的好坏，决定它是否能将短视频的意义体现出来，也是导致短视频质量好坏的重要原因。剪辑工作体现短视频的审美品位，制约着短视频的质量，有利于营造短视频风格，最终体现了短视频的思想。

完善的剪辑技巧，是创作优秀短视频作品的关键，可以对原本创作优良的视频起到画龙点睛的作用，达到很好的提升效果。

无论是自拍自演的短视频，还是剪辑的电影镜头，都遵循一套可行的剪辑理论，只有这样才能把短视频组成一个完整的成品。

1. 镜头组接类型

镜头组接就是以导演剧本为依据，对短视频中的单独画面按照导演剧本的逻辑和要求，进行筛选和去芜存菁的裁剪，最终形成一套有思路、有逻辑、有创意的连贯作品，达到最好的短视频效果。剪辑镜头的组接可以大致分为以下类型：

（1）分剪。分剪是将一个镜头剪辑成多个镜头来使用，利用镜头的相似性，将剪辑后的镜头分别用于视频中的不同位置，其优势是可以弥补素材缺少的问题。此外，在很多情况下，还能起到增强效果的作用。

将一个镜头分成多个镜头运用在视频中，在素材增多的情况下，可以制造出更多的情节，增强短视频的节奏感和紧张氛围，对视频中不合理的时空关系进行调整。但还需要注意的一点是，无论是在短视频中还是在电影制作过程中，都应该避免在长时间内反复使用同一个镜头的现象，这样会对短视频的质量造成不好的影响。

（2）挖剪。挖剪的作用与分剪恰恰相反，挖剪主要用来抠掉无用的部分，对一个完整镜头中不足的地方，如停顿导致的空白或是多余的内容进行修整。挖剪手法一般只有在出现拍摄失误或者有特殊需求的情况下才会使用到，一般使用得很少。

挖剪的使用是为了剔除掉短视频中的瑕疵部分，使动作、人、物或者一些运动镜头更加具有连贯性，让观众始终处于一种合适的观看节奏当中。

（3）拼剪。拼剪是将相似的画面内容进行筛选，把可以使用的部分画面用特殊的手段进行拼接，以弥补画面的不足。以往只有在镜头太短或者不能重拍的情况下才会使用拼剪手法，但是随着短视频行业的发展，越来越多的短视频中都能看到拼剪手法的使用。

对于需要经过拼剪手法处理的视频而言，最好的操作方式是，延长镜头的拍摄时间，使短视频中的人物情感得到升华。拼剪时选取镜头中比较突出的一部分进行加速或者延迟的处理，以此达到理想的剪辑效果。

2. 剪辑结构调整

通过对短视频内容顺序进行裁剪、调整以及结构改动，使短视频结构更加完整。典型的方法是变格剪辑，这是渲染氛围的重要方式，就是对画面素材中的动作进行变格处理，形成更加夸张的剧情效果，以满足视频中情节的特殊发展，形成对剧情动作的夸张和强调。

变格剪辑的使用对短视频最直接的影响就是改变了短视频的节奏。为了达到剪辑师对短视频内容的特别需求，在变格剪辑的使用上通常有两种方式：①为了改变视频中的某件事情从发生到结束之间的时空距离，从而对视频画面进行延长或者缩短；②删掉一部分拍摄客体的画面，从而达到突出主体的作用。

3. 优化画面的视觉效果

视觉效果的设置包括衔接过渡和特殊视觉等，典型的动态文字效果有 3D 效果、抠图效果、滤镜效果等。在添加各种视觉效果时，一定对各个视觉效果使用的节奏进行适度安排，避免整个短视频的画面过于死板，以增加视频画面的视觉冲击力。

此外，关于色彩的选择应用，在短视频制作剪辑的过程中也要多加注意。由于黄色在终端显示的时候往往让人感觉脏乱和阴暗，导致很多剪辑师在颜色选择上很少使用黄色，所以对于黄色的使用选择要谨慎考虑。

二、短视频的传播

（一）短视频的传播影响

短视频的传播影响已经成为社交媒体和互联网内容创作的重要方向。在这一趋势下，短视频内容的传播不仅仅是一种娱乐方式，更是对社会、文化和商业领域的深刻影响。本文将深入探讨短视频传播的影响，并提出一些应对挑战和利用机遇的策略。

第一，短视频对用户行为的影响。短视频作为一种轻松、迅速消费形式，深刻地改变了用户的行为习惯。用户更倾向于在碎片化的时间里观看短视频，这加速了信息传递的速度。短视频的快速传播模式也促使用户更加注重视觉和情感体验，对内容的要求更加简洁而有趣。

第二，社交媒体的崭新格局。短视频内容的兴起改变了社交媒体的格局。以抖音、快手为代表的短视频平台逐渐崭露头角，与传统社交媒体平台一较高下。这也意味着企业和个人在社交媒体上推广自己的品牌或内容时，需要更加注重短视频的生产和传播，以迎合用户的新需求。

第三，文化输出与传播。短视频作为文化传播的载体，不仅在国内外传播中发挥着重要作用，同时也为文化产业提供了全新的市场。通过短视频，各地的风土人情、传统文化等都能够得以传承和展现，实现文化的多元共融。这也为国际文化交流提供了更为便捷的途径。

（二）短视频的传播逻辑

1. 市场逻辑

市场逻辑是指短视频内容如何在市场机制下被生产和消费，以及如何受到市场需求和竞争的影响。短视频平台通过算法推荐系统，根据用户的行为和偏好，智能推送内容，满足用户的个性化需求。这种市场逻辑下，内容的生产和分发高度依赖于用户互动（如点赞、评论、分享）和观看时长，这些指标成为衡量内容成功与否的关键。

（1）市场需求驱动短视频内容的多样性和创新性。为了吸引用户注意力和提高用户参与度，内容创作者需要不断创新，制作出新颖、有趣或有价值的视频。这种需求促进了创意产业的发展，也为短视频平台带来了丰富多样的内容。

（2）市场竞争促使短视频平台和创作者关注用户反馈和数据分析。通过对用户行为的分析，平台可以优化推荐算法，提高用户满意度和留存率；创作者则可以根据反馈调整内容策略，提升作品的吸引力。这种数据驱动的内容生产模式，使得短视频市场更加高效和精准。

（3）短视频市场的商业模式也是其传播逻辑的重要组成部分。广告、直播带货、虚拟礼物等方式成为短视频平台的主要盈利模式。这些模式的成功实施，依赖于对用户画像的精准把握和对市场趋势的敏感捕捉。因此，短视频平台和创作者不仅要关注内容的创作和传播，还要考虑如何通过内容实现商业价值。

（4）市场逻辑还体现在短视频内容的全球化传播上。随着短视频平台的国际化，越来越多的内容跨越国界，吸引全球观众。这种跨国界的传播不仅促进了文化的交流和融合，也为短视频内容的创造者和平台带来了更广阔的市场和更多的机遇。

综上所述，短视频的传播逻辑在市场机制的作用下，呈现出高度的动态性和竞争性。内容创作者和平台需要不断适应市场变化，创新内容形式和商业模式，以满足用户需求，实现持续的发展和增长。同时，对用户行为和市场趋势的深入分析，成为短视频传播成功的关键。随着技术的进步和市场的演变，短视频的传播逻辑将继续发展和变化，为信息传播带来更多可能性。

2. 用户逻辑

用户逻辑是短视频传播的核心逻辑。短视频平台需要深入了解用户的喜好、习惯和需求，为用户推荐符合其兴趣的内容。同时，平台还需要关注用户的反馈，及时调整内容质量和推荐算法，提升用户体验。在这个逻辑下，短视频平台需要与用户建立紧密的联系，不断满足用户的需求，才能赢得用户的信任和支持。用户一般使用移动设备（智能手机）来观看短视频，因为移动设备最有利于随时随地浏览信息。

从年龄分析，短视频平台的用户是当下最主流的消费人群，也是创作者最需要留住的消费人群。创作者需要利用短视频来和这些人群进行一种新的对话，将其变为自己的忠实粉丝。

从消费水平分析，在短视频的用户中，中高等消费者数量并不多，中低等消费用户占据了短视频用户的大多数。

从时间分析，短视频用户的黏性越来越强，观看时间也越来越长。短视频已经浸入全天生活，其中短视频平台的用户爆发包括：①午餐与休息时间；②晚饭后，通常是在晚上八点钟左右。用户经过白天的工作，需要一种轻松休闲的娱乐方式来放松自己。所以，这段时间是用户高度聚集的时间。通常而言，创作者在这个时间段更新内容，更容易获得平台的推荐和用户的关注。

从喜好分析，将用户分为四种：①沉浸派。短视频会根据用户的日常观看记录，进行大数据分析，并推送用户感兴趣的节目，使用户沉浸其中；②生活派。用户通过观看短视频学习更多的生活技巧，让自己的生活变得更加方便与美好；③镜我派。镜我派是指通过观看旅游视频，满足自己的需求，在平行世界中寻找自我。

了解用户群体之后，创作者就可以针对不同的用户群体来调整自己的创作方向，根据不同的时间、用户群体匹配不同的场景创作短视频以获得更多用户的青睐。

创作者只有充分对短视频的用户画像进行分析了解，才能针对用户的需求创作出用户喜欢的短视频。所以，在一开始，创作者不要急于去进行短视频的拍摄、制作，先分析自己的作品针对的目标群体特征，了解他们喜欢什么样的短视频才是最重要的。

3. 产品逻辑

产品逻辑是指短视频平台在产品设计和功能迭代上所遵循的基本原则，这些原则旨在提升用户体验，满足用户需求，并实现用户增长和活跃度的提升。产品逻辑是短视频传播的核心，因为它直接影响到用户对平台的感知和使用行为。

（1）用户友好的界面设计。短视频平台的产品逻辑首先是提供一个简洁、直观的用户界面。这包括易于导航的菜单、清晰的图标以及流畅的页面切换。用户能够快速上手，不需要复杂的学习过程就可以开始观看或创作内容。此外，界面设计应该考虑到多样化的用户群体，包括不同年龄、文化背景和技术水平的用户，确保所有用户都能获得良好的体验。

（2）强大的内容创作工具。为了让用户轻松制作高质量的短视频，平台需要提供功能强大且易于使用的创作工具。这包括视频拍摄、剪辑、特效添加、音乐库、文字编辑等。通过不断优化这些工具，平台可以帮助用户降低创作门槛，激发用户的创造力，从而生产出更多元化的内容。例如，抖音提供了丰富的音乐选择和各种特效，用户即使没有专业知识也能制作出具有专业感的作品。

（3）智能推荐算法。短视频平台的产品逻辑还包括利用算法为用户推荐内容。通过分析用户的观看历史、互动行为（如点赞、评论、分享）和个人资料，智能推荐系统可以为用户提供个性化的内容推荐。这种算法不仅提高了用户的满意度，还增加了用户的留存时间。因此，平台需要不断优化算法，确保推荐的准确性和多样性。

（4）社交互动功能。社交互动是短视频平台不可或缺的功能之一。用户不仅可以观看和创作内容，还可以关注其他用户、评论和分享视频、发送私信等。这些社交功能增强了用户之间的互动，形成了社区氛围，促进了用户之间的连接和内容的传播。平台需要不断创新社交功能，以满足用户对于互动和社交的需求。

（5）稳定的技术支持。为了保证用户体验，短视频平台需要提供稳定的技术支持。这包括确保视频加载速度快、播放流畅、少有卡顿或错误发生。此外，随着用户数量的增加和技术的更新，平台需要不断升级服务器和网络基础设施，以应对更高的流量和数据需求。

（6）安全隐私保护。用户的数据安全和隐私保护是短视频平台不可忽视的产品逻辑。平台需要采取有效的措施来保护用户的个人信息不被未经授权地访问和滥用。这包括加密技术、安全验证、隐私设置选项等。通过建立用户信任，平台可以促进更多的用户参与和内容分享。

（7）持续的创新和改进。短视频平台的产品逻辑还要求平台不断进行创新和改进。这包括引入新的功能、改善现有服务、整合最新技术等。通过持续的创新，平台可以保持竞争力，吸引新用户，同时保持老用户的活跃度。

4. 裂变逻辑

“随着移动互联网的快速发展，短视频以多元化的内容和强烈的社交属性助力信息以‘裂变’方式进行传播。”① 裂变逻辑是短视频传播的关键逻辑。短视频具有传播速度快、影响力大的特点，很容易在社交媒体上引发裂变效应。在这个逻辑下，短视频平台需要积极利用社交媒体的力量，推动短视频的广泛传播。

（1）裂变逻辑要求短视频平台具备高度的社交属性。这意味着平台需要为用户提供一个互动性强、参与度高的社交环境，让用户能够轻松地分享、评论和转发短视频内容。为了实现这一目标，平台可以通过引入社交功能、建立用户社区、鼓励用户互动等方式，提升用户的参与度和黏性。同时，平台还需要注重用户体验的优化，确保用户能够流畅地观看和分享短视频，避免因操作烦琐或界面不友好而影响用户的传播意愿。

（2）裂变逻辑强调短视频内容的创新性和共鸣力。在海量信息充斥的今天，只有具备独特视角、富有创意和情感的短视频内容才能吸引用户的目光并引发裂变效应。因此，短视频创作者需要不断挖掘新颖、有趣、有深度的内容题材，结合时下热点和用户需求，创作出既符合大众审美又具有个性特色的短视频作品。同时，平台也需要通过推荐算法、内容审核等手段，确保优质内容能够得到更多的曝光和传播机会。

（3）裂变逻辑还依赖于短视频平台的营销策略和推广手段。为了扩大短视频的影响力和传播范围，平台可以与社交媒体平台、网红、KOL 等合作，通过广告投放、内容植入、口碑营销等方式，提高短视频的曝光度和用户参与度。同时，平台还可以结合用户画像和数据分析，精准推送符合用户兴趣的短视频内容，提高用户的转化率和黏性。

（4）裂变逻辑还强调短视频平台的社区建设和用户参与。一个充满活力和互动性的社区能够吸引更多用户参与并分享短视频内容。因此，平台可以通过举办线上线下活动、建立用户分享机制、开展话题挑战等方式，激发用户的创作热情和分享欲望。同时，平台还需要注重用户反馈和互动，及时回应用户需求和建议，提升用户的归属感和忠诚度。

---

①谭伟职．“裂变传播”视境下短视频创作人才培养的实践探索——以广西艺术学院为例［J］．新闻研究导刊，2024，15（04）：10.

（三）短视频的传播优化策略

第一，精准定位：明确目标受众。在制作短视频之前，确保对目标受众进行精准的定位至关重要。这需要通过深入了解受众的兴趣、需求和行为习惯，以制作更符合他们口味的短视频内容。利用社交媒体平台的数据分析工具，获取受众画像，从而更好地把握受众的心理和行为特征。此外，精准定位还需要与品牌形象或宣传目的相一致。只有确保短视频内容与品牌的核心理念相契合，传播效果才能达到最大化。因此，在策划过程中，要结合品牌定位，确保短视频内容能够精准地触达目标受众。

第二，内容创新：强调独特创意。短视频的成功离不开内容的创新和差异化。在内容制作上，需要注重独特的创意和新颖的表达方式。这包括故事情节、视觉效果、配乐音效等多个方面。创新不仅仅是为了迎合市场潮流，更是为了在激烈的竞争中脱颖而出。可以借助专业的制作团队，采用先进的技术手段，创造引人入胜的视觉效果。同时，挖掘新的叙事方式，使短视频更具吸引力。在音效方面，精心选择配乐，调整音效，以增强观众的观感体验。

第三，情感共鸣：打动受众心弦。情感是人类共同的语言，也是短视频传播中不可或缺的元素。通过讲述感人至深的故事、展现人性光辉的瞬间或呈现温馨有爱的场景，可以触动观众的情感，使其产生共鸣并自发传播。情感共鸣是建立深层次连接的关键，使受众更容易与视频产生情感共鸣。这需要制作团队有对人性、情感的敏锐洞察力，能够深刻把握受众的情感需求。可以运用心理学原理，通过情感化的表达方式，引发观众内心的共鸣，从而增强视频的传播效果。

第四，互动参与：激发观众积极性。短视频的传播不仅仅是单向的，还需要观众的参与和互动。通过设置话题讨论、观众投票、抽奖活动等方式，可以激发观众的参与热情，增加视频的互动性和传播力。建立互动机制可以拉近与观众的距离，使其更加投入到内容中。可以设立有趣的互动环节，鼓励观众在评论区分享自己的看法，参与到视频内容的创作中。这种互动不仅能够提高视频的曝光率，还有助于建立品牌与受众之间更紧密的连接。

（四）短视频健康传播

1. 短视频健康传播的必要性

（1）提高健康信息传播的时效性。传统的健康信息传播方式如报纸、电视等，往往受到制作周期、发布时间等因素的限制，无法及时将最新的健康信息传达给大众。而短视频平台具有实时更新的特点，可以迅速将最新的健康研究成果、疾病预防知识等内容制作成短视频，并通过网络平台迅速传播，使大众在第一时间获取到最新的健康信息。

（2）满足大众多样化的健康需求。不同的人群对健康信息的需求各不相同，包括疾病预防、营养饮食、心理健康等多个方面。短视频平台上的健康内容创作者可以根据不同用户的需求，制作多样化的短视频内容，满足不同群体的健康信息需求。同时，用户还可以根据自己的兴趣和需求，主动搜索和选择感兴趣的健康短视频，提高信息获取的针对性和有效性。

（3）增强健康信息的互动性和传播力。短视频平台具有强大的社交功能，用户可以在观看短视频的同时，进行点赞、评论、分享等操作，与其他用户进行互动交流。这种互动性不仅增强了用户对健康信息的兴趣和参与度，还有助于健康信息的广泛传播。通过用户的分享和推荐，健康短视频可以迅速在社交媒体上扩散，提高健康信息的传播范围和影响力。

（4）提高大众健康素养和自我保健能力。短视频健康传播具有直观、生动的特点，可以通过视频演示、案例分析等方式，将复杂的医学知识和健康理念以简洁易懂的方式呈现给大众。这种形式有助于大众更好地理解和掌握健康知识，提高健康素养和自我保健能力。通过观看健康短视频，大众可以了解到如何预防疾病、保持健康的生活方式、正确处理突发健康问题等知识，从而更好地维护自身和家人的健康。

（5）促进健康产业的创新与发展。短视频健康传播不仅为大众提供了丰富的健康信息，还为健康产业的创新与发展提供了有力支持。一方面，短视频平台上的健康内容创作者可以通过制作高质量的短视频吸引大量粉丝和关注者，从而实现商业价值转化。另一方面，短视频健康传播还可以为健康产业提供市场调研、用户画像等数据支持，帮助企业更好地了解市场需求和消费者偏好，推动健康产业的创新与发展。

2. 短视频健康传播的发展策略

（1）提升内容质量。平台应建立一套完善的内容审核机制，对上传的视频进行严格把关，确保内容的合法性、真实性和健康性。鼓励创作者生产有价值、有深度、有教育意义的内容，而非仅仅追求点击量和关注度。利用算法推荐优质内容，引导用户关注和传播正能量的视频。此外，平台还可以设立奖励机制，激励创作者生产高质量的视频，从而提升整体内容质量。

（2）加强版权保护。平台应加大对版权问题的投入，利用技术手段识别和过滤侵权内容。建立健全的版权申诉和处理机制，为原创作者提供有效的维权途径。同时，平台可以开展版权保护宣传活动，提高用户对版权的认识和尊重。

（3）打击虚假信息的传播。加强对虚假信息的监控和打击力度，通过人工审核和技术筛查相结合的方式，及时识别和下架不实内容。加大对用户的教育和引导力度，提高用户的媒介素养，使其能够辨别真伪，不传谣、不信谣。此外，平台可以邀请权威机构或人士对涉嫌虚假的信息进行核实，以确保信息的真实性。

（4）促进内容多样化。鼓励和支持创作者进行内容创新，为他们提供资源和政策上的支持，打造多元化的内容生态。打破同质化现象，鼓励创作者探索不同领域和形式的内容创作。此外，平台可以设立主题挑战或征集活动，激发创作者的创意。

（5）加强行业自律和社会监督。政府部门应出台相应的法律法规，规范短视频平台的运营行为，保护用户权益。社会各界也应参与到短视频传播的监督中来，形成全社会共同维护良好网络环境的氛围。同时，平台可以定期公布内容审核和违规处理情况，增加透明度，接受社会监督。

（6）用户参与与反馈。鼓励用户积极参与到内容审核和健康传播的过程中来，例如通过举报不良内容、参与内容评价等方式。平台应重视用户反馈，及时调整内容推荐算法和审核策略。此外，平台可以设立用户咨询委员会，让用户参与到平台决策中来。

（7）教育与培训。对于创作者，平台可以提供相关的教育和培训资源，帮助他们提高内容创作的专业性和责任感。对于用户，可以通过短视频平台开展媒介素养教育，提高他们的信息筛选和判断能力。同时，平台可以与学校、社会组织等合作，共同推广短视频创作和传播技能。

（8）技术创新。利用人工智能、机器学习等先进技术，提高内容审核的效率和准确性。开发新的互动功能，增强用户体验，同时鼓励积极的用户参与。平台还可以探索短视频与其他领域的融合创新，如虚拟现实、增强现实等。

（9）跨界合作。与其他媒体、教育机构、非政府组织等进行合作，共同推动健康传播的理念。通过跨界合作，可以整合更多资源，共同打造更加丰富和有益的短视频内容。此外，平台可以与国际组织合作，借鉴先进国家的经验和模式，提升我国短视频健康传播的水平。

（10）持续监测与评估。定期对短视频内容的传播效果进行监测和评估，了解哪些策略有效，哪些需要改进。根据评估结果调整发展策略，确保短视频健康传播的持续性和有效性。同时，平台可以引入第三方评估机构，以确保评估的客观性和公正性。

第四节　短视频营销模式及新发展

一、短视频营销模式的类型

第一，以编辑为主体，在各类媒体平台制作和推送相关内容的短视频和图书，实现对相关品牌的有效宣传。这种短视频营销模式，具有相关视频的制作和上传操作简单、门槛较低的特点，使得相关视频内容能够长期活跃在短视频平台上，视频内容往往带有强烈的趣味性，不断吸引受众群体的注意力，进而最大程度提升短视频营销工作的有效性。而且，推广短视频内容和图书的方式，也有助于吸引大批粉丝，增强短视频营销工作与粉丝的黏度，进而推动相关短视频营销顺利进行。

第二，以出版机构为主体，制作相应的短视频和图书内容，并通过官方账号推广的方式，对短视频进行有效的营销和宣传，在推广期间，由于官方账号具有一定号召力，进而能够更好地吸引用户和群体，促使品牌影响力得到提升。例如，以机械工业出版社为例，在进行短视频营销的过程中，充分发挥出抖音短视频平台的优势，将抖音号名为机械出版社，并且通过发布图文并茂形式的视频或图书内容等方式，不断吸引用户，进而有效打造良好的短视频营销影响力，实现图书内容营销、短视频营销与用户之间的互动，最大程度提升营销推广效果和质量。

第三，以话题活动为形式，通过话题活动来吸引用户参与视频互动的积极性和主动性。比如，很多短视频营销工作者在进行短视频营销和推广的过程中，通过合理设置话题，提升短视频营销的曝光度；同时，通过设计相关营销主题的方式进行有效的造势宣传，从而最大程度增强短视频营销工作的趣味性，不断将具有吸引的营销形式推广出去。

二、短视频营销模式的新路径

创新短视频营销模式，有利于丰富短视频营销的手段和内容和途径，不断吸引用户的关注、转发和评论，提升营销效果。短视频营销模式的新路径如下：

（一）加强制作内容的创新与改良

第一，短视频制作要加强对相关内容的有效设计与策划，在有限的时间内以优质的内容更好吸引消费者眼球。要积极利用新媒体时代的大数据分析技术，加强对用户需求的合理定位，瞄准用户兴趣点，有效地进行短视频制作和营销，充分发挥出大数据分析技术对于短视频营销工作的作用和价值。

第二，还可以结合自身品牌特征，加强对热点话题的引入，或者通过线上线下话题相融合的方式，合理对视频内容的场景、道具、音乐进行选择，进而让所制作出来的短视频内容更加具有吸引力，带给用户不一样的感官体验和效果。

第三，吸收多种媒体表达手段的长处，丰富短视频内容的表达手段，短视频在制作的过程中，相关内容可以以图书特点为基础，积极对相关图书内容进行挖掘，合理利用话题热度较高的图书内容，实现短视频的有效制作，还可以通过引入特效、封面、背景音乐等方式，增强短视频内容表达效果，让精心策划的短视频内容更好地营销出去。

（二）构建完善营销矩阵

积极完善短视频营销体系和矩阵，充分发挥微博、微信、抖音、QQ 等新媒体平台的优势和作用，重视流量的引入，最大化提升短视频营销效果和质量。

第一，可以将微博、微信、线下营销等方式有机整合起来，并加强各种渠道之间有效互动，拓宽短视频营销渠道，吸引更多的用户流量加入短视频平台当中，实现对短视频的多渠道营销和推广。

第二，在新媒体背景下，还可以创建不同新媒体短视频营销账号的方式，利用几个小号为一个大号积攒流量，从而有效提升短视频营销效果。在短视频营销过程中，充分挖掘和分析用户的可视化需求，提升短视频营销与用户之间的互动性，通过发布短视频热点话题、微信平台互推、微博话题功能互动等方式，吸引用户参与到短视频的互动和交流当中，有效增加短视频营销的流量和热度，提升短视频在新媒体平台的运营能力和曝光效果。

（三）提升用户互动黏性

短视频要提升短视频营销质量，还需要全面提高短视频营销的互动黏性，加强与用户、粉丝之间的积极互动与交流，形成短视频品牌效应，增强与粉丝互动的影响力。

第一，短视频营销工作人员在相关短视频发布和推广后，可以开设与粉丝、用户互动的平台账号，也可以引导粉丝在评论区与营销人员进行积极的交流和互动，拉近与粉丝之间的距离，吸取和借鉴他们的建议，改进短视频营销效果。

第二，在提升短视频营销互动黏性的过程中，还可以通过新媒体平台如今日头条、新浪微博、微信等的话题功能，与广大用户和读者进行交流，提升用户对短视频营销的参与感，帮助用户增强对所推品牌的信任感，提升短视频营销品牌的效应。此外，在新媒体发展过程中，为增加受众对短视频营销的黏性，还可以通过线上与线下相结合的对策，实现对短视频的有效传播和扩散，不断提高产品的用户认可度和曝光率。

第六章 直播运营与策划研究

第一节　直播运营概述

直播是指通过互联网实时传输音频、视频或其他数据，让观众能够实时观看或听取的一种媒体形式。直播可以是现场的事件，比如音乐会、体育比赛、新闻报道等，也可以是提前录制的视频或音频的实时播放。“直播作为新兴媒介形态，正凭借其成本低廉、场景交融、双向交互等特点成为资本青睐的流量高地。”①

直播的形式有很多种，比如电视直播、网络直播、移动直播等。电视直播通常是通过电视台或者广播电台进行的，内容包括新闻、电视剧、电影、体育比赛等。网络直播则是通过互联网进行的，内容更加多元化，包括游戏、教育、购物、健身等各种主题。移动直播则是在移动设备上进行的直播，观众可以通过移动设备随时随地观看直播内容。

直播已经成为现代社会中非常重要的一种信息传播和娱乐方式，无论是在商业、教育、娱乐还是社交等领域都有广泛的应用。

一、直播的特征

第一，实时性。直播的最大特点在于其实时性，直播将信息的传递速度提升到了一个新的高度。无论是新闻事件、体育赛事、演出活动还是日常生活，直播都能让观众在第一时间内获得真实、生动的信息。这种实时性不仅增强了观众的参与感和沉浸感，也使得直播内容更加具有吸引力和可信度。

---

①杨鸿．农村直播电商场景化运营实战研究[J]．中国果树，2023，(09)：149.

第二，互动性。互动性，通过弹幕、评论、点赞、送礼等互动方式，观众可以实时表达自己的看法和感受，与主播和其他观众进行交流和互动。这种互动不仅增强了观众的参与感和归属感，也使得直播内容更加丰富和有趣。同时，主播也可以根据观众的反馈和需求进行实时调整和改进，形成更加紧密的互动关系。

第三，多元性。直播的内容形式非常多样，涵盖了游戏、娱乐、教育、生活等多个领域。这种多元性不仅满足了不同用户的多样化需求，也为直播内容的创新提供了源源不断的动力。无论是专业的主播还是普通的用户，都可以通过直播展示自己的才华和魅力，分享自己的生活和经验。这种多元性和包容性使得直播成为一个充满活力和创意的平台。

第四，个性化。随着技术的发展和用户需求的变化，直播也越来越注重个性化体验。通过智能推荐、定制化服务等方式，直播平台可以根据用户的兴趣和偏好推荐合适的内容和主播，提高用户的观看体验。同时，主播也可以根据自己的特色和风格进行个性化设置和内容制作，吸引更多的观众和粉丝。这种个性化体验的优化不仅提高了用户的满意度和忠诚度，也为直播行业的发展提供了更广阔的空间。

第五，社交性。在现代社会，社交已经成为日常生活中不可或缺的一部分。直播作为一种新型的社交方式，不仅可以让观众与主播进行实时互动和交流，还可以让观众之间形成社群和互动关系。通过共同的兴趣和话题，观众可以在直播间结识新朋友、分享心得和体验。这种社交属性的凸显不仅增强了直播的吸引力和影响力，也为用户提供了更加丰富和多元的社交体验。

第六，商业性。随着直播行业的快速发展和用户规模的不断扩大，其商业价值也日益显现。通过直播带货、广告植入、付费观看等方式，直播已经成为一种重要的商业变现渠道。同时，直播也为品牌宣传、产品推广提供了全新的方式和平台。这种商业性的凸显不仅为直播行业带来了更多的商业机会和发展空间，也为品牌和用户之间建立了更加紧密的连接和互动。

二、直播的作用

第一，实时互动与社交。直播的核心优势之一是其实时互动性。观众可以即时观看直播内容，并与主播进行交流，无论是通过评论、打赏还是点赞。这种实时的反馈和互动机制大大增强了用户的参与感和社区归属感。对于主播而言，这种互动可以帮助他们即时了解观众的反应，调整直播内容以吸引更多观众。对于品牌和商家来说，直播提供了一个与客户进行直接沟通和互动的平台，有助于提升品牌形象和客户忠诚度。

第二，内容的新鲜性和真实性。直播的内容通常是即兴发生和不可预测的，这给观众带来了新鲜感和紧迫感。直播的现场性质也意味着内容更加真实和原始，没有经过后期编辑和修饰，这使得直播内容更具吸引力和可信度。例如，在旅游直播中，观众可以实时看到景点的实际情况，而不是经过精心拍摄和处理的照片或视频。这种真实性对于希望建立信任的商家和品牌来说尤为重要。

第三，电商与直播带货。直播在电商领域的应用，特别是在直播带货方面，已经成为推动销售的重要工具。通过直播，商家可以展示产品的详细信息，回答顾客的问题，并提供限时优惠来刺激购买。直播带货的成功归功于其结合了实时互动和即时购买的功能，使得用户可以在观看直播的同时轻松完成购物。这种模式在中国尤为流行，各大电商平台如淘宝、京东和拼多多都纷纷推出了直播功能，以吸引用户和提升销售额。

第四，教育和培训。直播也被广泛用于教育和培训领域。在线教育机构和个人讲师可以通过直播向学生提供实时的教学和指导。这种方式不仅方便了地理位置偏远的学生，还提供了更加互动和个性化的学习体验。此外，企业也可以利用直播进行员工培训，节省成本并提高培训效率。

第五，娱乐和表演艺术。直播为艺术家和表演者提供了一个新的舞台。无论是音乐会、舞蹈表演还是戏剧，直播都允许艺术家在没有物理限制的情况下触及更广泛的观众。这不仅为艺术家提供了更多的曝光机会，也为观众带来了更加便捷和多元的娱乐体验。

第六，新闻和事件报道。直播在新闻传播和重大事件报道中也发挥着重要作用。记者和媒体机构可以通过直播将新闻现场的情况实时传送给公众，增加了报道的透明度和公信力。对于公众来说，能够第一时间获得事件的最新消息，满足了他们对即时信息的需求。

第七，公共卫生和公共服务。在公共卫生危机和其他紧急情况下，直播被用作传递重要信息和指导的工具。政府机构和卫生组织可以通过直播向公众提供最新的健康指导、安全建议和政策更新。这种方式确保了信息的快速传播和广泛覆盖。

三、直播运营流程

直播运营流程是指从筹备直播活动到直播结束后的一系列管理和操作步骤。一个成功的直播运营需要周密的规划和细致地执行。

第一，前期策划与准备。①确定直播主题。根据目标观众的兴趣和需求，确定直播的主题内容，确保主题具有吸引力和价值。②制定直播计划。包括直播的时间、时长、形式（如单人直播、访谈、教学等）、预算和人员分工。③准备直播设备。确保有足够的硬件设备，如摄像头、麦克风、照明设备、稳定的网络连接等。④设计直播场景。搭建适合直播的场景，包括背景布置、道具准备等，确保直播的专业性和美观性。⑤内容准备。根据直播主题准备相关的内容，包括演讲稿、演示材料、互动环节的设计等。⑥推广宣传。通过社交媒体、邮件列表、合作伙伴等渠道提前进行直播预告和宣传，吸引潜在观众。

第二，直播执行。①直播测试。在正式直播前进行设备和网络的测试，确保直播过程中的技术稳定性。②直播开始。按照预定时间开始直播，主持人或主播应熟悉流程，确保直播的顺利进行。③互动管理。监控直播间的互动，如评论、提问等，及时回应观众，维持直播的活跃度。④内容控制。确保直播内容的连贯性和准确性，适时调整直播节奏，保持观众的兴趣。⑤技术支持。确保直播过程中的技术问题能够得到及时解决，如画面、声音问题等。

第三，直播结束后的工作。①直播回顾。总结直播的亮点和不足，分析数据，如观看人数、互动率等，用于改进后续直播。②内容整理。将直播内容整理成视频、文字或图片等形式，发布到网站、社交媒体等平台，延长内容的生命周期。③观众反馈。收集观众的反馈意见，了解观众的需求和建议，为下一次直播提供参考。④数据分析。利用数据分析工具对直播数据进行深入分析，如观众画像、观看习惯等，为直播策略的调整提供依据。⑤后续互动。通过邮件、社交媒体等方式与观众保持联系，增强观众的忠诚度。

总之，一个成功的直播不仅需要前期的充分准备，还需要在执行过程中的灵活应变和后期的持续优化。通过不断地实践和学习，可以逐步提高直播运营的效果，吸引更多观众，实现预期目标。

第二节 直播运营平台及模式

一、直播运营平台

第一，电商直播平台。这类平台以电商为主，直播为辅，比如淘宝直播。商家在这些平台上开设直播间，引入内容创作者进行直播，以此推动商品销售。

第二，内容直播平台。这类平台以直播内容为主，电商为辅，比如抖音和快手。这些平台通过接入第三方电商平台来布局直播+电商的运营模式。

第三，专业知识领域类直播平台。这类平台针对的是有特定信息知识获取需求的用户，如疯牛、知牛直播等。这类直播平台的专业门槛较高，因此对主播的要求很高，也更加关注主播的解说和内容。

第四，体育类直播平台。这类平台除了体育明星直播外，体育赛事也是娱乐活动的主要内容之一，受到大众的欢迎和认可。懂球帝、章鱼 TV 和企鹅直播是目前最受体育类直播用户欢迎的。

第五，娱乐类直播平台。主播在平台上进行才艺展示，这是从国内直播行业兴起时就开始逐渐成熟的模式，也是最为所熟知的直播模式。

第六，生活类直播平台。分享与陪伴正成为视频直播的新动力，越来越多人希望将自己的生活搬到网络之上，所以生活类直播顺势而生。它是一种更为贴近用户的直播种类，更接地气。

第七，游戏类直播平台。游戏直播可谓是一直火爆，几乎扛起了直播行业的大旗，手游、网游以及页游三大种类覆盖齐全。

二、直播运营模式

直播运营平台是指为用户提供直播服务的在线平台，例如斗鱼、虎牙、B站、快手、抖音等。这些平台通常拥有大量的用户和丰富的内容资源，并且有着成熟的商业模式和运营机制。

直播运营平台的主要模式包括：

第一，打赏模式。观众付费充值买礼物送给主播，平台将礼物转化成虚拟币，主播对虚拟币提现，由平台抽成。如果主播隶属于某个工会，则由工会和直播平台统一结算，主播则获取的是工资和部分抽成。

第二，广告模式。直播平台负责在App中（包括banner、直播广告图等）、直播室中或直播礼物中植入广告主广告，按展示、点击或购买情况与广告主结算费用。

第三，导购模式。一般电商类直播产品、竞拍类产品采用该盈利模式。主播红人有自己的店铺（淘宝店、微店等），或者有店铺需要主播进行营销推广，主播在直播时，推荐店铺商品，用户直接一键购买或者加入购物车，直播同时有优惠或参与竞拍，最终主播与直播平台按照既定比例分成。

第四，付费直播。付费直播可以有两种模式，一种是主播开通直播需要付费，由直播平台提供更高级的直播服务；另一种是观众看直播需要付费，由主播设置入场费用，平台和主播分成。

第五，会员增值服务。提供VIP会员计划是吸引用户的一种方式。VIP会员可以享受高清直播、无广告观看等特权。用户订阅VIP会员将为平台提供稳定的、可预测的月度收入。

第六，销售商品。在平台上销售足球相关商品，如球衣、球鞋、球队纪念品等，可以帮助平台赚取一定的销售佣金。这也提供了一个附加的利润来源。

第三节　直播营销活动的策划

一、直播营销方式

第一，颜值营销。颜值营销是指利用高颜值的主播或模特吸引观众注意力，进而推广产品或品牌。在直播中，高颜值的主播往往能够迅速吸引观众的眼球，增加观看时长和互动率。品牌可以邀请具有影响力的网红或明星作为主播，通过他们的颜值和粉丝基础，提升品牌曝光度和认知度。

第二，采访营销。采访营销是通过直播采访行业专家、意见领袖或明星等，借助他们的影响力吸引观众关注，并传递品牌价值观。直播采访可以深入探讨行业趋势、产品特点等，增加观众对品牌的好感度和信任度。同时，通过与权威人士的互动，品牌也能够提升自身的专业形象和品牌影响力。

第三，明星营销。明星营销是利用明星的知名度和粉丝基础，通过直播形式推广品牌或产品。明星具有强大的粉丝号召力和市场影响力，他们的参与能够迅速提升直播的观看人数和互动率。品牌可以与明星合作定制直播内容，如明星试用产品、分享心得等，以增加观众对产品的兴趣和购买意愿。

第四，对比营销。对比营销是通过直播对比不同产品或服务的特点和优势，突出品牌或产品的独特之处。在直播中，主播可以展示竞品和自家产品的对比实验或使用体验，让观众直观感受到产品的差异性和优势。这种营销方式能够帮助品牌在竞争激烈的市场中脱颖而出，提升消费者的购买决策。

第五，稀有营销。稀有营销是通过直播展示限量版、稀缺产品或独特服务，引发观众的抢购热潮。品牌可以设定特定的直播时段或条件，推出独家优惠或限量产品，吸引消费者关注并激发购买欲望。这种营销方式能够增加品牌的独特性和话题性，提升消费者对品牌的关注度和忠诚度。

第六，利他营销。利他营销是指通过直播传递品牌的公益理念或社会责任，提升品牌形象和美誉度。品牌可以利用直播形式展示其参与的公益活动、环保行动等，强调品牌的社会责任感和使命感。这种营销方式能够引发消费者的共鸣和好感，增加品牌的美誉度和忠诚度。

第七，才艺营销。才艺营销是通过直播展示主播或品牌相关的才艺表演，吸引观众关注和赞赏。品牌可以邀请具有才艺的主播进行直播表演，如唱歌、跳舞、绘画等，增加直播的趣味性和观赏性。同时，品牌也可以结合产品特点进行创意表演，如产品功能展示、创新使用等，让观众在欣赏才艺的同时，也能够深入了解产品的特点和优势。

二、直播营销活动策划的一般流程

第一，明确直播活动的目标。任何营销活动都需要明确其目标，直播也不例外。品牌需要明确自己希望通过这次直播活动达到什么目的，是提升品牌知名度、推广新产品，还是直接促进销售。明确的目标将有助于后续的策略制定和内容规划。

第二，选择合适的直播平台。直播平台的选择对于直播活动的成功与否至关重要。不同的平台有不同的用户群体和内容调性，因此品牌需要根据自己的目标和受众特点选择合适的平台。例如，如果目标受众主要是年轻人，那么抖音、快手等平台可能更为合适；如果目标是销售促进，那么淘宝直播等电商平台可能更为适合。

第三，进行内容策划。直播内容的质量直接关系到用户的参与度和活动的成功度。品牌需要设计有趣、有价值且符合品牌调性的直播内容。这包括确定直播的主题、节目流程、互动环节等。同时，内容的策划还需要考虑如何与品牌的核心价值相结合，以提升品牌的认知度和好感度。

第四，邀请合适的嘉宾。嘉宾的邀请是提升直播吸引力和影响力的重要手段。品牌可以根据直播的主题和目标受众的特点，邀请行业专家、意见领袖或明星等作为嘉宾。他们的参与不仅可以增加直播的看点，还能够吸引更多的潜在观众。

第五，进行宣传预热。在直播活动开始之前，品牌需要通过多种渠道进行宣传预热，以吸引潜在观众的注意。这包括在社交媒体上发布活动预告、通过邮件营销向目标受众发送邀请等。通过有效的宣传预热，可以提高活动的曝光度和参与度。

第六，做好技术准备。直播活动对技术的要求较高，因此品牌需要做好充分的技术准备。这包括检查直播设备和网络状况，确保直播过程中的流畅度和稳定性。同时，还需要准备应对可能出现的技术问题的预案，以应对突发状况。

第七，设计互动环节。互动是直播营销活动的核心之一。品牌需要设计各种互动环节，如抽奖、答题、投票等，以提高观众的参与度和黏性。这些互动环节不仅能够增加活动的趣味性，还能够收集用户的反馈和意见，为后续的改进提供参考。

第八，制定促销策略。如果直播活动的目标是促进销售，那么制定有效的促销策略就显得尤为重要。品牌可以根据产品特点和目标受众的需求，制定各种优惠政策和促销手段，如限时折扣、满额赠品、优惠券发放等。这些促销策略能够有效地刺激用户的购买行为，提升销售业绩。

第九，实时监控数据。在直播过程中，品牌需要实时监控各种数据，如观看人数、互动次数、转化率等。这些数据能够直观地反映活动的效果和用户反馈，有助于品牌及时调整策略和优化内容。通过实时监控数据，品牌可以确保活动始终沿着正确的方向进行。

第十，进行后续跟进。直播活动结束后，品牌需要对参与直播的用户进行跟进。这包括发送感谢信、提供售后服务等，以维护与客户的关系并促进二次购买。通过后续跟进，品牌可以进一步提升用户的满意度和忠诚度，为未来的营销活动打下良好的基础。

第十一，总结评估活动效果。活动结束后，品牌需要收集数据和反馈，对活动效果进行总结评估。这包括分析观看人数、互动次数、转化率等指标的变化趋势，以及用户对活动的整体评价。通过总结评估，品牌可以了解活动的成功之处和不足之处，为下次直播活动提供宝贵的经验教训和改进方向。

第四节　直播营销的技巧分析

一、直播摄影技巧

（一）良好的设备准备

“直播电商丰富、直观、实时生动的商品展示，为用户带来了沉浸式的购物体验，成为目前电商行业的强大动力。”① 直播活动中要想带给用户良好的观看直播与购物体验，就要本着实用、好用的原则择优选择直播设备。

第一，电商直播在直播过程中，可以准备两部 CPU 和摄像头性能较高的手机交替使用，用于直播的手机 CPU 的运行内存应不低于 6GB，摄像头不低于 1200 万像素，另外一部手机用来查看用户的留言和评论，以便及时与用户互动，在直播开始之前，要保证手机电量充足，并避免电话或无关信息的打扰。对直播

①徐佳琦．传统电商企业的直播电商运营策略研究——以 KQ 电商直播为例[J]．现代营销（下旬刊），2023，(12)：113.

画面要求更好的直播间可以选用专业的地点。

第二，4K 或者 8K 摄像机进行直播画面信号的传输。

第三，主播在用手机直播的过程中难以长时间保持手持手机的姿势，且手持带来的抖动也会影响用户的观看体验，因此电商直播需为主播配置支架来保证拍摄效果和画面稳定。支架是用于固定手机的设备，有很多不同的类型；但用于直播的主要有自拍杆式支架和三脚架式支架。同时在光线不足的情况下为直播提供补光灯辅助光线，以得到较好的光线效果。补光灯大多使用 LED 灯泡，具有光效率高、寿命长、抗震能力强和节能环保等特性。补光灯通常使用脚架来固定位置，或者直接安装在手机上，以便随时为拍摄对象补充光线。直播中常用的补光灯主要包括柔光箱、球体环形灯两种类型。室内直播需要补充自然光时，可以优先选择柔光箱、球体模拟太阳光对拍摄对象进行补光。如果要拍摄人脸近景或特写，或者需在晚上拍摄，就可以选择环形灯，以掩饰人物的肤色瑕疵，起到美颜的效果。

第四，稳定的网络是直播的必备条件，网络速度会影响直播画面的质量和直播的流畅度，直播间需要专门的直播专用网络，保证直播画面的质量和直播的流畅度。电商直播当前都为室内直播，如果室内直播且连接的设备较少，那么目前大多数的无线网络配置都能满足直播需求；如果发现当前的无线网络不能满足直播需求，就要对无线网络配置进行升级。如果是拓展场景到室外直播，当无线网络的信号无法覆盖到直播场地或信号不稳定时，可以使用移动 4G 或 5G 网络，通常直播 1 小时要消耗 300MB~500MB 流量。

第五，在满足以上基本直播需求的基础上，也可以对直播设备进行升级，添加其他辅助设备，以满足特定直播场景或环境的需求，提升直播效果。比如除了视频画面外，音质也是影响直播效果的重要因素。电商直播可为主播选择一款较专业的话筒，手机直播中使用的主流话筒是电容话筒，电容话筒的收音能力较强，能够采集更多的声音细节，使声音更有层次，更饱满、圆润。电容话筒适合在安静的环境下使用，为了防止产生爆音和杂音，使用时可以为其安装防喷罩，这样可以提高直播的音质。另外，独立声卡是用于收音和增强声音的设备，它可以解决大多数手机在直播过程中无法同时开启直播软件和音乐播放器软件的问题，而且使用声卡播放背景音乐或掌声、笑声等伴奏，可以达到更好的效果，也可以有效活跃直播间的气氛。在直播活动中根据场景的不同也可以选择是否使用耳机，耳机可以让主播在直播时监听自己的声音，从而更好地控制自己的音调、分辨伴奏等。用于手机直播的耳机一般有入耳式耳机和头戴式耳机两种类型。入耳式耳机比较小巧美观，多数主播在直播时会选择使用这种耳机。需要注意的是，使用入耳式耳机进行直播时，音量不宜太大，否则耳机使用时间过长可能会影响听力。

（二）调整灯光布局和拍摄角度

灯光布局和拍摄角度也是影响直播画面质量的十分重要的环境因素，好的灯光布局和拍摄角度可以提升主播形象，清晰、真实地展现商品和品牌的亮点，为用户呈现优质的直播效果。

1. 灯光选用

在直播间的灯光选用上可以采用主光、辅助光、轮廓光结合的方式，更加立体地展示商品的真实形态和突出特点。

（1）主光。主光是直播间的基本光源。在直播过程中，主光通常由柔光灯箱发出，光线比较均匀，主要用于照亮拍摄对象（人或物品）的轮廓，并突出其主要特征。用主光进行拍摄时，拍摄器材通常位于主光正后方或者两侧的位置。直播间的主光灯选择中性色的 LED 灯即可，LED 灯的功率一般根据直播间的大小而定。

（2）辅光。辅光也被称为辅助光，其作用是照亮主光没有照射到的拍摄对象的阴影部分，使用户能够看清楚拍摄对象的全貌。辅助光线通常被安排在主灯的左右两边。在使用辅助光源时，应该特别小心，避免过度照明或过度闪烁，并确保光线不会超出主灯的照射范围，从而影响主灯的照明效果。主光与辅光之间有一个最佳光比，这个比例可以通过反复试验来获得。

（3）轮廓光。轮廓光又称侧逆光，通常用于分离人物与人物、人物与背景，以此增强视频画面的空间感。轮廓光通常采用直射光，一般从主播的侧后方进行照射，勾勒出主播清晰的轮廓形状。

2. 选择适用的布光方式

根据直播间的环境和直播内容的不同，选择适用的布光方式也会有所区别。

例如，白天在室外直播时，主要使用太阳光作为主光，适当补充人工光作为辅光；在室内直播时，则主要使用各种人工光。室内直播时可选用以下几种灯光布局：

（1）三灯方案。三灯方案是设置一个主光和两个辅光，都使用65瓦左右的单色温LED灯；主光使用环形灯。“三灯布光法”适用于10平方米左右的室内直播场地，该方案适用于电商直播小范围服装、美妆、珠宝、美食等直播场景。

（2）四灯方案。四灯方案设置一个主光、两个辅光和一个顶光，都使用LED灯主光使用双色温冷暖24瓦左右的环形补光灯，辅光、顶光都使用双色温100瓦左右的平面补光灯，将顶光灯设置在背景架上，双色温补光灯更容易还原和呈现真实的图像色彩，在同样的场景和布光配置下，直播画面中拍摄对象的颜色及周围环境的颜色更加真实。该方案适用于20平方米以内的室内直播场地，可用于主播动作较小的直播场景。

（3）五灯方案。五灯方案设置一个主光、两个辅光和两个顶光，都使用LED灯。主光使用双色温冷暖48瓦左右的环形补光灯，辅光、顶光都使用双色温200瓦左右的平面补光灯，顶光和辅光都用单脚架放置。

3. 主播的拍摄表现

电商直播的技术支持对于主播的拍摄表现至关重要，它可以帮助主播找到最佳的角度，从而提升直播的画面质量，让观众感受到最真实的视觉体验。拍摄高度、拍摄方向和拍摄距离这三个因素会同时作用并影响拍摄角度，设置直播拍摄的角度时，主要涉及拍摄高度和拍摄方向。

（1）拍摄高度是指拍摄器材的镜头与被拍摄对象在垂直平面上的相对位置或相对高度，在不同的拍摄方式下，拍摄的高度有所不同。下面将简要阐述仰视、平视和俯视拍摄的不同，以便更好地满足电商直播需求。

第一，仰视拍摄。仰视拍摄是让拍摄器材的镜头低于被拍摄对象，与垂直平面形成一定的仰视视角，从下往上拍摄。仰视拍摄时，视角有透视效果，被拍摄对象将形成“上窄下宽”的效果，能够很好地体现出景物的高大、人物身材的高挑。当镜头离拍摄对象越近且仰角角度越大时，透视效果越明显。通常，主播以站姿进行直播时，适用于电商直播服装类直播场景，会采用仰视拍摄，以衬托主播高挑修长的身材。

第二，平视拍摄。平视拍摄是指拍摄器材的镜头与被拍摄对象处于同一水平线，是日常生活中常采用的拍摄角度。因为平视视角是日常观察世界的视角，所以采用这种拍摄角度拍摄出的画面会给人亲切、自然的感觉，并且镜头中的被拍摄对象不易变形，画面也更加稳定。通常主播以坐姿进行直播时一般会采用平视拍摄，同时会通过打侧光、侧脸拍摄等方法使人物的五官更具立体感。

第三，俯视拍摄。俯视拍摄与仰视拍摄相反，是与垂直平面形成一定的俯视视角，从上往下拍摄。俯视拍摄适合表现场景的规模宏大，俯视视角变大后，俯视范围也会变大，视野更加开阔，使观看者产生居高临下的感受。如果电商直播进行室外直播，例如户外旅行直播可运用俯视拍摄。而在室内直播中，俯视拍摄的运用空间不大，用于人物拍摄时，主播可以采用45°左右的俯视拍摄角度来进行拍摄，可以起到瘦脸的作用。但是，俯视拍摄容易使主播显得矮小，因此这种拍摄角度适合主播以坐姿拍摄。

（2）拍摄方向是指从被拍摄物体的中心出发，沿着它的周围环境，在保持拍摄距离和高度不变的情况下，通过改变拍摄角度，来捕捉到它的各种特征，包括主体、陪体、环境等，从而呈现出它们之间的多样性。

第一，正面拍摄方向。正面拍摄方向，是指与被拍摄对象正对的拍摄位置，用于表现被拍摄对象的正面形象特征。在直播中，主播通常采用这种拍摄方向，它不仅便于主播与用户“面对面”沟通，还可以展现主播的面部特征和动作表情，使主播更具亲和力。

第二，侧面拍摄方向。侧面拍摄方向，是指垂直于被拍摄对象侧面的拍摄位置，包括正左方和正右方。侧面拍摄方向能清楚地展示主播的外部轮廓特征。

第三，斜角拍摄。斜角拍摄意味着在正面和侧面之间进行拍摄。偏离正面或侧面角度较小时，主播正的形象不会产生较大的变化；偏离正面或侧面角度较大时，能够更立体地展现主播的形体变化。

第四，背面拍摄方向。背面拍摄方向与正面拍摄方向相反，是指被拍摄对象背对的拍摄位置。背面拍摄方向可以展现主播的背面形象，同时让主播与用户的视角方向一致，主播看到的事物也是用户看到的事物，因此能够带给用户更好的参与感。

正面、侧面、斜侧和背面等拍摄方向没有优劣之分，只要运用得当，就能充分展示被摄对象的形象特征。电商直播可以根据自身需求在不同直播商品和不同主播上播时进行相应的调整，以达到最佳效果。

（3）拍摄范围。拍摄范围指的是摄像机与目标物体之间的距离。当使用相同焦距的镜头时，随着拍摄者和目标物体的距离增加，可以捕捉的范围会变得更窄，而目标物体在整个图像中的重要性也会增加；相比之下，随着拍摄范围的增加，被捕捉的物体会变得更加渺小。这可根据电商直播实际场地情况进行相应的调整，让直播画面和谐，消费者可以有清晰直观的观看体验即可。

（三）适配场景布置和物料摆放

第一，结合电商直播多为室内直播，①选择室内空间时要根据商品的类别，做到空间适宜，直播场地的层高一般控制在2.3~2.5米，保证既能给顶光灯留下足够的空间，又不会因为层高过高导致环境光发散、话筒不易收音的问题。此外，直播商品较多时，还要为待播商品，以及桌椅、黑板等道具和其他工作人员预留空间。②室内直播场地的隔音效果要好，避免杂音的干扰；要有较好的收音效果，避免在直播中产生回音。③保证室内直播场地的自然光线充足，必要时可以借用补光设备提升直播画面的视觉效果，保证直播的真实感和美感。

第二，直播间场景的布置类型、风格应与直播商品或主播的个人气质相契合。纯色背景较为简单，带给消费者自然的观看感受，适用服装直播。品牌LOGO背景直观简洁，可以增强品牌效应，适用于多种直播场景。商品摆放背景，这类背景布置一般是将商品置于展示柜进行展示，具有较强的营销目的，是一种十分常见的直播间背景布置类型，在这类背景布置中，商品的展示数量根据展示柜的大小而定，但是从用户的观看感受出发，商品数量还是以少为佳。与直播商品匹配的特色背景，这类背景的应用需要挖掘商品的特色，在背景中融入与直播主题或直播商品相关的特色元素。

第三，直播中的物料应整齐放置，不同的物料可以根据直播主题想要表达的意图和直播场地的大小，摆放在不同的位置。商品摆放：商品是直播活动中的“主角”之一。食品、化妆品等小件商品一般可摆放在主播正对着的陈列台或陈列桌上，让用户一进入直播间便可以了解主播主推的商品。对于服装类等体积稍大的商品，主播可以将其陈列在身后或两侧。宣传物料的摆放：包括黑板、白板，以及电子屏、海报、贴纸、胸卡、气球等一系列用于展示文字、图片信息的道具。饰件摆放：如果直播场地较大，可以放置一些盆栽、玩偶、壁画等饰件，以丰富直播场景，饰件的选择应与商品特性相匹配。

二、直播预热引流技巧

（一）做好准备工作，把握预热时机

直播预热的准备工作主要包含两方面内容：一是选择预热信息的发布形式并准备好相应的宣传物料；二是选择合适的直播预热时机，使宣传工作更有效。

第一，在做直播预热准备工作时，电商直播在直播前期首先应选择预热信息的发布形式。主要可以通过个人简介、硬广告、短视频、软文等形式发布预热信息。其中短视频是十分受互联网用户欢迎的一种内容形式，其时长短、发布时间灵活，电商直播可以通过剪辑以往的直播片段或拍摄花絮等体现自己直播间的特点，并预告直播的时间、内容、优惠等。在确定了最佳的预热方案之后，直播团队应该把宣传和吸引流量进入的任务分解成更加精细的步骤。电商直播团队应该准备丰富的宣传材料，如文案、海报和短视频。

第二，在选择合适的直播预热时机时，电商直播需要考虑以下两个方面的问题。首先直播预热信息发布的时间与消费者在信息投放平台（主要是新媒体平台，如短视频平台、微博、微信公众号等）上活跃的时间联系紧密。一般在工作日上下班的途中或下班后的休息时间，消费者登录新媒体平台浏览信息的频率较高，特别是 19：00—22：00 是消费者登录新媒体平台的高峰期，电商直播可选择在该时间段发布直播预热信息。但直播预热信息发布的时间一般不选择在休息日，因为要避开各类新媒体平台内容发布的高峰。其次直播预热与正式直播的间隔时间，应提前 3 天准备好海报、文案、短视频等宣传物料，然后在正式直播的 1～3 天前进行直播预热。如果直播预热与正式直播的间隔时间太短，往往不利于预热信息的持续发酵；如果直播预热与正式直播的间隔时间太长，预热信息又容易被消费者遗忘。

（二）设计直播标题，美化直播封面

直播标题和封面是“点燃”直播信息传播的引线，好的标题和封面能够大

大增加直播间的流量。

1. 直播标题的技巧设计

标题的核心作用有两点：一是给消费者看，吸引消费者点击和观看直播；二是给平台看，以获得更多的精准推荐。直播标题具有吸引力，能抓住消费者的眼球至关重要，只有让人眼前一亮的标题才可以吸引更多消费者观看直播，直播也更容易获得平台的推荐。

电商直播营销活动可采用以下技巧设计直播标题：①借助名人效应，如名人同款、名人直播首秀、名人直播带货专场、名人嘉宾等。②将直播的重要信息用数字体现出来。消费者一般不会花费太多的时间去浏览标题，而数字化标题直观、简洁，能够让消费者瞬间抓住直播内容的关键信息，吸引消费者注意。③直播标题中可以添加“数量有限”等字样，以制造紧迫感、紧缺感，促使目标消费者立刻采取行动。④直播标题可以“以利诱人”，直接指明直播利益点，以此来吸引消费者观看。⑤解决消费者痛点。电商直播可以在直播标题中注明消费者在生活或工作中所遇到的烦恼和困难，并给出解决方案，达到吸引消费者的目的。

2. 直播封面图片的设计方式

直播封面图片应清晰完整、构图美观，其设计方式主要分为两种：

（1）封面以人物为主体，以人物为主体的封面应选择具有一定知名度的人物，这样更能引起消费者消费，还可以融入商品，如人物穿、拿、戴直播中推荐的商品。

（2）以商品为主体，商品图片应直观立体，让消费者能够直接观察到商品的细节、特点等。

（三）扩宽引流渠道，增加曝光流量

第一，参加直播平台的官方活动可以获得平台的流量支持，增加直播间的曝光度，这对主播来说是一个变现引流的好机会。直播平台通常会不定期推出各类活动，如果活动类型与电商直播账号定位相匹配，就可以积极参与。

第二，通过在平台上进行付费推广，电商直播能够迅速获得更多的客户，从

而大大提升直播的观看量和互动性，从而有效地实现转化。此外，通过使用平台的付费推广，电商直播还能够有效地提升直播间的人气。

第三，策划拍摄短视频并做发布和投放，短视频时长短、更新快的特点迎合了信息接收越来越碎片化的习惯。在这一背景下，短视频成为主播为直播预热、吸引消费者进入直播间的一种常用手段。这一阶段的主要工作包括组建短视频创作团队、撰写和确定脚本、准备资金，以及落实拍摄准备工作。完成直播预热短视频的拍摄后，剪辑人员还需要用专业的短视频加工软件对短视频素材进行剪辑。完成短视频的剪辑后，电商直播可以将短视频发布到直播平台上，为直播预热。

第四，用微博、微信扩散直播预热信息，微博、微信是日常频繁使用的社交媒体工具，拥有大量的活跃用户，在信息传播方面具有得天独厚的优势。因此，很多主播都将微博、微信作为扩散直播预热信息的重要渠道。通常，主播会利用微博、微信等平台来宣传自己的直播活动，这些平台可以通过微博、社交媒体、微信朋友圈和公众号等多种渠道进行宣传。通过微博、微信扩散直播预热信息是对电商直播账号私域流量的充分利用，拥有一定粉丝基础的直播账号通过微博、微主播通过微博、微信扩散直播预热信息的关键在于维护自身与粉丝之间的关系，提高粉丝的黏性和忠诚度，这样才能使直播预热信息得到广泛且有效的传播。

三、直播主播的培养技巧

（一）关注消费者需求，进行个性化推荐

在满足消费者个性化需求时，电商直播可以收集消费者的历史购买记录，评论记录等分析消费者的兴趣偏好和购买意愿，通过聚类、分类等方法将消费人群进行划分，在直播之前对主播进行培训，为直播时遇到不同的消费者需求提供技术支持，而主播需要将这些知识进行储备，在直播过程中进行相应的输出，用来解答不同消费者的不同提问。

为了更好地推广产品，电商直播主播需要不断学习和掌握新技术，并熟悉产品的优势、卖点和使用场景。这样通过直播购物，就可以向消费者提供更加个性

化的商品选择和优惠活动。通过分析消费者的个人特征和偏好，主播可以为他们提供有针对性的信息和商品，以满足他们的需求。因此，主播必须具备高度的敏锐度，以便能够快速、准确地响应消费者的推荐请求。通过直播，主播可以更加有效地掌握观众的反馈，并能够迅速作出相应的调整，从而让更多的人能够深入体验到产品的魅力。在直播中主播应全方位展示商品，强化商品真实性和现场代入感，为客户营造线下购物的感受。主播可以利用更贴近消费者的方式，通过实时回答评论区消费者的疑问，增强互动性，让消费者更加了解产品。

（二）培养专业技能，提高消费者信任

当消费者面临大量复杂的信息时，他们更愿意听取专家的建议，而主播的专业知识则是建立起消费者信任的关键。随着电子商务的发展，马太效应日益明显，因此，主播们必须努力提升自己的知名度，以获得更多的收益，并且选择优质的产品，得到更多的优质资源，弥补更多的专业知识的不足。当主播拥有丰富的专业技能并能够成为该领域的权威人士时，他们将更容易获得消费者的信赖；因此电商直播应该努力提升电商直播主播的专业技能，深入了解产品的特点和组成，以便让消费者更好地认可和信赖，这样消费者直播间的下单购物疑虑也就越少，购买意愿也就越强。

电子商务主播的职责是通过搜集大量的产品信息，结合个人的专业知识和实际体验，帮助客户找到最优质、最实惠的商品。电商直播主播需要持续关注市场变化，及时把握最新的市场趋势，才能为消费者提供有价值的信息和产品。此外，电商直播主播在做推荐的时候还应聚焦产品范围。为了更好地发挥电商主播的潜力，就需要明确自身的职责范围，并且要不断投入精力，不断探索新的技术，以提升自身的专业水平。在直播前除了要清楚商品的安全性外，还要掌握商品的成分、功能、品质等多方面的信息，增强自己要播产品的熟悉度，只有这样才能做到有的放矢，在直播过程中才能更好地为消费者进行商品的展示与讲解，以此得到消费者的信赖。

（三）丰富互动元素，提升消费者消费体验

消费者观看直播是一种消磨时间和缓解压力的方式，通过增加娱乐性内容，

可以吸引并留住潜在消费者。在直播中，通过设置激励性的环节，可以有效地激发消费者的冲动性购买行为，因此，电商应该加入更多的创意娱乐元素，以便最大限度地刺激消费者的情绪，并且让他们参与到主播的互动中，从而建立起情感联系，从而产生购买意愿。因此电商直播在直播营销中，主播应当采用一种以产品展示为核心，并结合多种娱乐活动的营销策略，以达到最佳效果。

通过参与各种有趣的活动，主播们能够更好地推广自己的产品。例如，主播可以邀请消费者参与"弹窗""加灯牌""粉丝团"的抽奖、拍卖等活动，同时也可以给予消费者的互动反应给出实时评论，以表达对消费者支持的感谢和回馈。主播的幽默风趣、精彩的肢体动作、温暖的微笑，等其他更多的因素可以激发消费者的兴趣，从而让整场直播更有趣味性，消费者在直播间停留时间就会越长，越容易产生购物意愿。电商直播在直播营销策略中，如果有需要可以把主播的互动性的各项要素细分、定义，作为一种可以评估的指标，从而更好地评估和改善直播间主播的互动性，以便更好地利用直播这一渠道，提升电商直播的销售业绩。

四、直播复盘总结技巧

（一）明确直播复盘的基本思路

第一，借助数据分析，量化问题。发现直播活动存在的问题，可将电商直播团队成员主观发现问题和通过数据分析客观发现问题两种方式相结合，以便全面、准确地发现直播活动中存在的问题。直播团队成员主观发现问题，直播团队成员能够凭借自身的经验和参与直播活动的经历，快速地发现整场直播活动中哪个环节或哪个方面存在不足。

第二，分析各类问题产生的原因。直播团队发现直播活动中存在的问题后，就要对问题产生的原因进行分析。例如，整场直播的流量主要来源直播平台推荐（如直播推荐、短视频推荐），说明直播预热效果较好，以此获得充分的公域流量；但是直播新增粉丝少，转化新粉丝的占比（新增粉丝、观看用户总数）极低，说明陌生用户没有被直播内容吸引。因此，直播团队成员就要分析直播场景是否合理，商品是否具有吸引力，主播带货是否专业，话术表达是否恰当，直播互动是否存在不足等，通过排除法找到问题产生的原因。

第三，找到解决问题的方案。经过直播团队的深入分析，可以根据问题的特点，提出有针对性的解决方案。针对直播间场景布置不妥当的问题，调整直播间的场景布置。将物料摆放整齐，直播间设计风格与主播个人形象相匹配，直播间陈列所推商品和周边商品。针对主播经验欠缺的问题，提升主播的商品讲解能力、话术表达的感染力和亲和力，并做好直播脚本和话术的准备工作。针对互动不足的问题，丰富直播间的互动玩法，开展抽奖活动，上架更多引流款商品，提高消费者参与直播互动的积极性。针对商品转化率低的问题，根据目标消费人群挑选合适的商品，提高商品的性价比，采用营造稀缺感等。

第四，直播调整，直播复盘是为下一场直播提供参考，那么在发现问题、分析问题并找到解决方案后，就需要将改善后的方案应用到下一场直播中，不断提高直播质量和直播效果。同时，直播团队也可以检验解决方案是否有效，并进一步优化方案。

（二）归纳直播复盘的主要内容

在直播复盘的过程中，电商直播团队应抓住重点问题进行分析，包括主播状态、团队配合情况、直播销售数据、直播间消费者评论、直播间人气变化、直播话术和平台规则等。

第一，总结主播状态。主播是直面消费者的第一人，主播直播时的状态、临场发挥情况等会对直播质量和效果产生直接的影响。如果主播状态不佳，则可能出现直播间人数激增时无法承接流量、掌控不好直播间节奏、消费者提出专业问题时无法及时回答、商品介绍缺乏吸引力等问题。基于以上种种问题，在总结主播状态时，首先要看主播是否重视本场直播，开播前是否做好了充足准备，是否充分了解商品的卖点信息，是否熟悉直播脚本与话术，以及妆容及穿着是否适宜。其次，还应分析直播过程中主播的精神状态是否饱满，注意力是否集中，是否与消费者积极互动等。如果某一方面存在问题，主播就需要及时调整状态，在下一场直播中避免出现类似情况，并不断总结经验、提升直播能力。

第二，总结团队配合情况。直播的过程是直播团队所有成员配合协作的过程，因此，直播复盘时需要分析整个直播团队工作人员的工作是否执行到位。

第三，分析直播销售数据。销售数据能充分体现直播带货的效果，直播间的销售效果与选品策略、价格策略紧密相关，直播间的高销量商品可以反映消费者的购买意愿，销售数据可指导下次选品和定价。

第四，汇总直播间消费者评论。直播团队通过汇总直播间消费者的评论，一方面可以了解消费者感兴趣的话题，以便在下次直播时能够“对症下药”。另一方面，在主播讲解商品的环节中，通过掌握消费者对各类商品的咨询情况，直播团队可以了解哪类商品受欢迎，下次直播可以重点推荐这类商品，提升消费者的下单转化率。另外，通过消费者反馈的信息（如消费者主动要求主播推荐什么商品），直播团队还可以了解其感兴趣的商品，为主播的直播选品提供参考。

第五，回顾直播间人气变化。直播团队通过系统观察，包括观众的流量、参与度、互动性等。这些信息有助于他们判断哪些内容最能吸引观众，并决定采用何种方法来吸引观众；通过对当前直播间消费者流失情况的研究，以及对当前时期的直播内容的深入探究，可以更好地理解为何会出现这种情况。

第六，整理话术。直播结束后，直播团队需要在直播中能够有效调动消费者情绪、促进消费者下单的话术进行整理，并可以通过表格的形式将话术按照直播开场话术、互动话术、促单话术等分类归纳起来，方便在之后的直播中使用。

第七，理解平台规则。平台规则会对直播间的权重产生一定影响，因此直播团队在进行直播复盘时，应准确理解平台规则，如理解直播平台的流量推荐规则，熟悉直播平台违规内容规定等，以便更好地利用直播平台的推荐机制获得更多精准的流量。

第八，直播数据分析。电商直播数据运营人员既要分析运营账号的直播数据，了解账号的运营状况，又要分析直播行业的相关数据，了解带货商品等。数据运营人员在进行直播数据分析时，首先需要了解直播数据分析的指标。通常，直播数据分析的主要指标包括四类：用户画像数据指标、流量数据指标、互动数据指标和转化数据指标。获得分析直播数据的途径，其中较简单直接的方式是通过直播工具的后台分析直播数据。电商直播数据运营人员可以通过快手小店 App 和快手直播中控台分析直播数据。另一个途径就是利用第三方数据分析工具分析直播数据。第三方数据分析工具专注于直播数据的分析，数据分析功能强大，数据统计与分析维度多元化。第三方数据分析工具一方面可用于分析职业的相关数据，另一方面也可以用于分析电商直播竞争对手或者对标直播账号的直播数据。

数字化转型下新媒体营销的农村实践

第一节　农村电商数字化升级的思考

一、农村的电商发展

“随着互联网的广泛应用，电商行业快速发展，农村电商的发展促进了农村产业发展，是农村产业振兴的重要部分。”① 农村电商的蓬勃发展，标志着中国乡村经济的新时代。随着互联网技术的不断进步和普及，农村地区也逐渐走上了数字化发展的快车道。在这个过程中，电商作为一种全新的商业模式，为农村地区带来了前所未有的机遇和变革。

第一，农村电商的发展为农民提供了广阔的市场机会。电商平台通过打破地理限制，将农产品与城市需求紧密连接，为农民提供了更多的销售渠道。农产品可以通过电商平台直接销售给城市消费者，不仅提高了农产品的销售效益，还使农民的收入有了明显的提升。

第二，农村电商的兴起带动了农村产业的升级。随着农村电商的推广，越来越多的农业企业开始借助互联网平台进行品牌建设、市场拓展和产业升级。电商平台不仅仅是销售渠道，更是一个推动农产品品质提升的平台。通过互联网技术，农产品的生产、加工、包装等各个环节可以实现信息化管理，提高产品的品质和附加值，推动农业产业向着更高层次发展。

第三，农村电商还促进了乡村旅游和农业观光的发展。通过电商平台，农产

①龙仙河．农村电商高质量发展的风险挑战及对策研究[J]．物流科技，2024，47(04)：100.

品销售不再局限于线下，而是可以通过线上平台推广农村旅游和农业观光产品。这不仅为农民创造了更多的收入来源，同时也丰富了城市居民的生活体验。消费者可以通过电商平台购买到地道的农村特产，同时还可以通过线上平台了解到乡村的风土人情，激发了对乡村旅游的兴趣。

二、数字化对农村电商的影响

第一，数字化提升农村电商的基础设施。数字化技术为农村电商提供了更加高效、便捷的基础设施。首先，互联网和移动网络的普及使得农村居民能够更加方便地接入网络，为电商平台的推广和使用奠定了基础。其次，物流体系的数字化改造提升了农村电商的物流效率，使得农产品能够更快地到达消费者手中。此外，数字化支付手段的普及也为农村电商交易提供了便利，降低了交易成本和风险。

第二，数字化改变农村电商的经营模式。数字化技术的引入使得农村电商的经营模式发生了深刻变化。传统的农村电商主要以线下交易为主，而数字化技术的运用使得电商平台成为主要的销售渠道。农村电商可以通过网络平台直接对接消费者，减少中间环节，提高销售效率。同时，数字化技术还使得农村电商能够实现个性化定制、智能推荐等服务，满足消费者的多元化需求。

第三，数字化促进农村电商的品牌建设。在数字化时代，品牌建设对于农村电商的发展至关重要。通过数字化手段，农村电商可以更加有效地进行品牌宣传和推广。例如，利用社交媒体、短视频等平台进行产品展示和营销，提高产品的知名度和美誉度。同时，数字化技术还可以帮助农村电商建立客户关系管理系统，提升客户体验，增强客户忠诚度。

第四，数字化推动农村电商的创新发展。数字化技术的不断创新为农村电商的发展提供了源源不断的动力。例如，大数据、人工智能等技术的运用可以帮助农村电商实现精准营销、智能决策等功能，提高经营效率和盈利能力。此外，数字化技术还可以推动农村电商在产品和服务方面的创新，如开发农产品溯源系统、提供在线农业技术服务等，为农村电商的可持续发展注入新的活力。

三、农村电商数字化升级的有效策略

（一）渠道升级

在数字化时代，渠道是农村电商与消费者之间的桥梁。为了拓宽销售渠道、提高销售效率，农村电商需要积极拥抱数字化技术，对渠道进行升级。

第一，农村电商应加强与主流电商平台的合作，利用这些平台的流量优势，提高产品的曝光率和销售量。同时，也可以考虑自建电商平台，通过 SEO 优化、社交媒体推广等手段，吸引更多的目标客户。

第二，移动互联网的普及为农村电商提供了新的销售渠道。农村电商可以开发移动应用、微信小程序等，为消费者提供更加便捷、高效的购物体验。此外，还可以利用短视频、直播等新媒体形式，进行产品展示和销售，吸引更多年轻消费者的关注。

（二）产业升级

在数字化技术的支持下，农村电商可以实现从传统农业向现代农业的转型升级。

第一，农村电商可以利用大数据、物联网等技术，对农业生产进行智能化管理。通过实时监测土壤、气候等条件，为农业生产提供科学决策依据，提高产量和品质。同时，也可以利用这些技术对农产品进行溯源管理，保障食品安全。

第二，农村电商应积极推动农产品的品牌化建设。通过注册商标、申请地理标志等方式，提升农产品的知名度和美誉度。同时，还可以利用数字化手段进行品牌宣传和推广，提高消费者对农产品的认知度和信任度。

（三）服务升级

在数字化时代，农村电商需要更加注重服务升级，提高客户体验。

第一，农村电商应建立完善的客户服务体系。通过在线客服、电话客服等多种方式，为消费者提供及时、准确的产品信息和购物指导。同时，还可以利用 AI 技术实现智能客服功能，提高客户服务的效率和质量。

第二，农村电商应关注消费者的个性化需求。通过收集和分析消费者的购物数据、行为习惯等信息，为消费者提供更加精准的产品推荐和定制服务。此外，还可以利用社交媒体等平台与消费者进行互动沟通，增强客户黏性和忠诚度。

（四）机制升级

为了确保各项升级措施的有效实施和持续改进，农村电商需要对机制进行升级。

第一，农村电商应建立完善的组织架构和管理制度。明确各部门职责分工和工作流程，确保各项工作有序进行。同时，还应建立健全的激励机制和约束机制，激发员工积极性和创造力。

第二，农村电商应加强与政府、行业协会等机构的合作与交流。及时了解政策动态和市场信息，争取更多政策支持和资源倾斜。同时，也可以借鉴其他成功企业的经验和做法，不断完善自身发展机制。

（五）队伍升级

为了培养一支高素质、专业化的人才队伍，农村电商需要对队伍进行升级。

第一，农村电商应加大对人才的引进和培养力度。通过与高校、培训机构等合作，吸引更多优秀人才投身农村电商事业。同时，还应注重内部员工的培训和发展，提高员工的专业素质和综合能力。

第二，农村电商应建立良好的企业文化和团队氛围。倡导创新、协作、分享等价值观，激发员工的归属感和使命感。同时，还应关注员工的工作和生活需求，为员工提供良好的工作环境和福利待遇。

四、农村电商数字化发展助力工程

“数商兴农”工程的实施，引领农业农村高质量发展。“数商兴农”是中国商务部推动“消费数字化升级”、商务部围绕数字商务建设部署开展的。“数商兴农”可以理解为“电子商务进农村综合示范”工程。在促进共同富裕的目标指引下，作为提升广大农村地区商务发展水平、推动商务高质量发展的重要内容；是适应全面推进乡村振兴新形势新要求，全面推进乡村振兴的新举措。“数商兴农”工程成为农村电商数字化升级的重要政策支持。

“数商兴农”行动，包括：鼓励电子商务企业助力农村电商数字化新基建，提升农产品供应链的配送、分拣、加工基础设施的数字化、网络化、智能化水平；打通农产品运输的“最后一公里”培育新兴的农产品品牌，加强农产品“三品一标”的推广和认证。同时，大力提升农产品品牌化和电商化的水平。

在农村电商数字化升级过程中，科技创新不断帮助农村电商完成生产要素优化配置，使得农产品科技成果和劳动生产力之间的距离不断地缩短。让科技在农村电商数字化建设中发挥重要作用。同时，数字技术的应用有效地促进农村电商平台选品和数据分析的效率，帮助农户锁定目标客户，根据消费者的需求提供农产品的供应。随着农产品销售网络化程度加快，农产品标准化生产的要求越来越高，科技的创新不断推进农产品生产环节的标准化、规模化的改造，来提高农产品生产效率，并降低农产品生产的人力成本投入。

第二节　数字化农业营销发展与模式优化

数字乡村建设是乡村振兴的战略方向，同时也是建设“数字中国”的重要内容。以数字化赋能乡村产业发展、乡村建设和乡村治理。在数字乡村的建设中，农村电商的持续健康发展，对于加快推进农业信息化发挥着重要的作用。农村电商通过信息化改造提升服务品质，从而创新营销方式，实现农民增收致富，助力乡村振兴。

一、数字乡村建设影响农村电商发展

（一）加快农村电商网络基础设施建设

我国乡村网络基础设施建设成效显著，农村网络基础设施实现全覆盖，基本实现了农村城市“同网同速”。农村电商作为数字化和信息化在农村经济生活中的应用载体，不仅促进了数字技术与乡村经济融合发展，也为政府在农村地区网络化的布局指引方向。政府和企业逐渐加大了信息化设施在农村地区的投入力

度，努力提升农村及偏远地区通信基础设施供给能力，补齐乡村网络基础设施的短板，推进5G网络和千兆光网加速向农村地区延伸。农村电商与农村网络基础设施建设是相互促进、相辅相成的。农村网络基础设施的改善为农村电商发展创造了有利的外部环境，同时也为数字化的普及和进一步推广打下了基础。

（二）促进农村电商数字化转型

随着数字乡村建设的推进，传统农村电商模式得到了升级，“数商兴农”工程进一步助力农村电商发展。不少电商巨头开始逐渐深入农村，探索适合不同地区的电商新模式。例如，针对农村电商市场，阿里成立数字农业事业部，在农产地建立数字化基地，打造产、供、销一体化的农业生产体系。

统筹集中阿里强大的数字化信息资源，在产地深耕农业源头，建立数字化基地，开展科学信息化生产，打造数字农场；在供应渠道，依托农业供应基础设施，通过菜鸟物流网络保障供应链服务；在销售端，建立全新的农业数字分销平台，实行集线上直播与线下直销于一体的多分销模式，以订单生产反馈供应链服务，全链路升级农商服务模式，进一步加快农村电商发展。

（三）推动农村电商需求服务升级

数字乡村建设不仅是乡村数字化发展，还是运用互联网、大数据等现代信息技术手段对乡村经济进行重塑的过程。当前，数字化技术在社会各领域得到了广泛的应用，尤其是区块链、大数据，催生了新的商业模式，成为现代科技创新应用、发展经济的强大动力。

随着信息技术的发展，以农产品和特色产业为主导的农村经济驱动了农村电商服务模式的创新，通过运用数字化手段，可以快速定位消费者的需求偏好和购买行为，根据消费特征反馈生产，实现消费需求和供给的动态平衡。数字乡村建设所需的数字金融服务为农村居民提供基于网络的消费信贷，释放了农村居民的消费潜力。

二、数字化农业营销的可持续模式

（一）培养与引进电商人才

在数字化农业营销的可持续模式中，农村电商的发展与政府的支持息息相关，政府应该积极联合高校人才智库，加强农村电商人才数字素养培育。组织聘请相关专家下乡进行专业实践指导，从产品营销策略、电商运营技巧等方面提升农村电商从业人员专业技能。联合企业信息化人才，针对当前区块链、人工智能等信息技术在电商中的应用，在农村开展系统化培训，培养实战型数字电商人才。另外，在吸引人才方面，地方政府有关部门需要进一步完善农村电商人才引进的相关政策，尤其对返乡创业的青年大学生提供一定的支持，创造良好的营商环境，共建美丽数字乡村。

（二）细化电商产业分工，完善物流基础设施

在数字化农业营销的可持续模式中，政府应积极引导电商从业者逐步细化电商分类，扩大经营规模，并向产业服务进行延伸扩展。围绕淘宝村镇，逐步建立集电商销售、美工运营、售后服务于一体的电商生态圈，走可持续发展之路。

在优质农产品产地，应整合利用邮政企业和快递服务公司，建立平等、互惠互利的物流伙伴关系，形成辐射一定区域范围的配送网络，合理布局农村物流网点，实现整体配送合理化。利用大数据技术，结合前端订单信息，根据网点信息和车辆运输距离等因素，适配出合理的配送方案，从而提升农村电商综合服务水平。

（三）打造地方特色电商品牌

在数字化农业营销的可持续模式中，品牌化之路是助力农民增收的重要途径，也是实现产业转型升级的必经之路。

加大宣传力度，帮助农村电商运营者树立品牌意识，在商标注册和公司制度设计方面给予培训指导，从而让个人商铺转变成企业商铺。这样不仅可以引导区域内从业者开展合作经营，还能够帮助扩大规模，在助力合作者实现双赢的同时

又可以降低经营管理成本。在地方品牌化建设之路上，要培育当地特色优质农产品，灵活借助相关自媒体平台，加大宣传力度，提升农村电商品牌形象，打造区域品牌知名度。

总之，随着信息技术的快速发展和广泛应用，内容电商、直播电商等新型电商发展模式逐渐兴起。地方相关部门应该通过倡导“互联网+直播电商”的新业态，利用直播带货打通农产品生产、销售的各个环节，为消费者提供个性化、多元化的优质服务和产品。数字化农业营销的可持续模式，要以数据为核心，以网络为载体，以智能化为特征，以为消费者提供优质服务为宗旨。在电商新模式培育中，可以依托区域优势，综合运用数字化手段，打造智慧农业综合示范基地，促进智慧农业与农村电商的深度融合；还可以在推动乡村文化旅游发展的同时，进一步带动手工、美食等其他产业的发展，形成农村“文旅+电商”融合发展新业态。

第三节　特色农产品营销的数字化转型

特色农产品通常指的是那些具有地域特色、独特品种、传统生产方式或者特殊文化内涵的农产品。这些产品往往在某个特定地区生长，得益于当地的气候、土壤条件和生态环境，使得它们在品质、口感、营养价值或者药用价值等方面具有其他地区农产品无法比拟的特点。特色农产品的种类繁多，可以包括各种粮食作物、水果、蔬菜、茶叶、中药材、畜产品等。例如，某个山区的苹果因为得天独厚的地理位置和气候条件，可能会比其他地区的苹果更加甘甜、口感更佳；某个古老村落种植的稻米可能因传统耕作方式而保留了更多的营养成分。“我国建设现代化国家，最难的工作还是在农村，开发特色农产品，促进农业现代化发展是核心。”①

特色农产品营销的数字化改进可采取以下策略：

---

①蔡慧敏．中国特色农业现代化发展问题与优化路径研究［J］．农业经济，2024，(02)：3.

一、提高产品质量

第一，严格农产品生产标准，优化产品品质。农产品的生产要先做到安全、规范的生产工作流程，先把产品保质保量地做好，其次考虑产品的优化，作出和同行业其他产品不同的特点。例如从农产品的口感来入手，研究提升产品口感的生产方式，从土质、生产流程来入手调整，并且注重农产品再加工和包装的各个生产流程，全方位锁住产品的口感，给消费者提供健康安全又有特色的农产品。

第二，严格产品检查工作。按照各产品的生产流程进行严格评判，特别是发现有害物质的时候更要加以重视，将这些产品进行废弃处理，决不可流入市场。重视生态绿色发展生产，对农产品生产的各环节使用的化学用品和农药、化肥等都需要严格检测，确保这些物质能够被分解或者回收利用，不仅要保障产品的安全，还要保证生产环境的可持续利用。

第三，做好产品信息溯源。能让消费者安心消费的重点是让消费者对产品的生产流程清晰了解，透明化的信息溯源工作很重要，可以保障每一批产品信息的唯一性和准确性。以农作物为例，要从农产品的种植、生长到收获、加工、包装各个方面对产品生产的相关信息进行记录，例如记录种植产地、种植环境、种植时间、操作人员、包装材料等各个消费者会在意的信息都一一进行公布，使用二维码的形式将产品信息印在包装上，销售店铺或者消费者都可以通过扫描二维码知道手上产品批次相关的信息。如果产品出现问题有源头可寻，并且能做到用户端的产品控制，及时通知消费者停止食用或退换货等售后工作。

二、丰富产品类型

农产品的市场运营要根据消费人群的特点进行合理规划，消费人群主要可分为高端客户、女性和母婴、中老年这三个群体，要根据这三个群体对商品的需求和产品的生产加工工作进行针对性地规范，同时丰富产品品类，适应更多消费群体的需要。

第一，高端市场，主营项目就是高端农产品，在这个市场中应当更注重产品的包装和品牌效应，同时也要重视产品的品控环节，综合这些才能将产品的售价提高适合高端消费。包装部分要做到奢华但是不造成资源过多浪费，这就需要公司的包装要有创新立意，在根据国家规范的同时吸引消费者眼球。

第二，做好品牌宣传，将相关产品的定义提高至高消费人群，产品的把控要有专门的人员对各批次的产品进行挑选，选择其中品质最高的作为高端消费的产品，同时不同品级的产品也可针对不同层次的消费者进行营销。

三、打造知名有机品牌

第一，企业要重视品牌的建立。当今社会，信息技术突飞猛进，在当今互联网状态下，企业必须要树立一个简单的品牌标志，好的商标设计还能促进客户的消费，拉近企业与顾客之间的联系。农业生产物品是目前人民生活的必要的物质需求，所以好的品牌建立是企业进步和农业生产物品销售的关键。就目前的状况而言，企业既要设计干净利索的企业标志，又要注意产品的可记性。在品牌设计上，既要突出其产品的环保、卫生等主题，又要结合当下的网络用语，拉近企业与客户之间的联系。

第二，重视企业品牌的宣传。要根据行业的具体条件，以及平台本身的特点，进行特异性销售。比如，在手机 App 等社交网站上，主打的是女性和高档商品，而在京东、天猫等渠道，则是针对老年人的消费。公司在农产品营销方面，主要还是关注热门软件的推广，比如目前大火的抖音 App，进行针对性的营销，或者用知乎的软文，来升华公司的产品。公司的农场还能提供顾客参观、自摘季节水果等服务。公司与消费者之间的互动可以提高公司与消费者之间的关系，从而保证企业的品牌推广。

第三，重视企业自身的品牌形象。一个好的名声，可以对一个公司的发展起到很大的促进作用，农业生产物品是一种食品产品，农业生产必须对农产品质量问题实行绝不姑息的态度，构建完善的品质控制体系，同时也要寻求有关平台对其农产品进行检验，以增强企业的品牌影响力。在网络环境下，售后服务将直接影响到其他消费者的购物习惯。所以如果有差评，公司应该主动与顾客沟通，找出问题的根源，并尽量用售后服务来保证顾客的口碑。

四、制作特色产品包装

第一，建立一致的产品外包装样式。生产经营单位要对自己的产品进行一致的包装，在包装上要体现相同的商标，要在顾客心目中建立品牌形象。另外，应注重农产品本身的特点，并根据其特点，寻找适宜于贮藏的包装方法。农业生产物品要明确地标注出可使用时间、有机代码以及需要注意的问题。包装上的有机编码是一种独特的编码，它能使顾客更好地认识到产品的基本情况。

第二，从包装设计上体现出农业生产物品的质量。农业产品的包装设计要适应高端受众人群的期望，保证包装颜色、清晰度以及包装图案美。另外，以“健康、环保”为主要概念的品牌构建，就必须重点关注产品包装的可再循环性。同时，包装设计的重点也应放在自然性与绿色两个方面。由于农业生产物品具有地域上的高限制标准，所以在农产品的包装设计上要突出地域特色以及特有的优点。

第三，因地制宜，企业要在农产品的推销中主要体现出产品不一样的地方，根据每个地域群众需求不一样，同时研究出不一样的产品系列，包装上也做针对性设计。例如，色彩的呈现以及一些设计元素的运用，都可以根据地域特色来实现。金色在视觉上让人看起来感觉质量很好，可以用来做底色，女性受众群体产品可以采用绿色的底色来表现出女性市场的商品特性。在视觉一致的情况下，包装设计新颖则可以抓住消费者眼球，也能提高公司的产品售卖。

第四，农业产品的包装必须适应于长时间运输。由于当下网上购买的途径兴起，单量越来越多，促使农产品也需要物流的输送。所以，农产品的包装必须满足当下的运送条件，尽量选用适合于远距离运送的包装计划，以保证产品没有损坏。所以，企业的产品包装应该尽量采用小型的、不容易损坏的设计。

参考文献

[1] 卜俊成. 传统媒体微信公众号的运营及传播力提升思考 [J]. 新媒体研究, 2018, 4 (24): 48-49.

[2] 蔡慧敏. 中国特色农业现代化发展问题与优化路径研究 [J]. 农业经济, 2024, (02): 3.

[3] 陈鄂, 金鑫. 新媒体运营 [M]. 重庆: 西南师范大学出版社, 2019.

[4] 陈静. 微博运营全攻略 [M]. 北京: 电子工业出版社, 2017.

[5] 陈雅萍. 县级融媒体中心短视频新闻生产运营的困境与对策探究——以莲都区融媒体中心短视频新闻生产运营为例 [J]. 新闻研究导刊, 2023, 14 (17): 93.

[6] 单冬, 陈颖. 政务微博运营机制研究——基于警务微博的运营 [J]. 青年记者, 2020, (35): 35-36.

[7] 邓丽, 易路博. 新媒体运营 [M]. 重庆: 重庆大学出版社, 2018.

[8] 丁冬. 新媒体运营 [M]. 北京: 航空工业出版社, 2021.

[9] 樊奕麟. 我国编辑出版类学术期刊微信公众号运营抽样分析及优化策略 [J]. 中国传媒科技, 2024, (01): 88.

[10] 冯江慧. 全媒体时代新媒体的运营策略探究 [J]. 新闻前哨, 2021, (11): 42-43.

[11] 高菲菲. 新媒体时代平台运营和内容编辑策略 [J]. 中国报业, 2023, (19): 92.

[12] 郭曼博. 传统媒体微信公众号的运营策略 [J]. 西部广播电视, 2018, (23): 51-52.

[13] 何明明. 图文类新媒体产品制作中的文字元素处理 [J]. 新媒体研究, 2020, 6 (05): 96.

[14] 贺良凯. 新时代农村电商的数字化转型与治理 [J]. 上海商业，2022，(05)：50-53.

[15] 赖强. 数字经济下农村电商转型升级研究 [J]. 中国储运，2024，(02)：69.

[16] 李东临. 新媒体运营 [M]. 天津：天津科学技术出版社，2018.

[17] 李俊，魏炜，马晓艳. 新媒体运营 [M]. 北京：人民邮电出版社，2020.

[18] 李平. 新媒体运营 [M]. 北京：中国人民大学出版社，2021.

[19] 李玉清，魏振锋，孟雯雯，等. 新媒体运营 [M]. 北京：航空工业出版社，2022.

[20] 廖蓓蓓. 基于文献计量分析的中国短视频运营研究热点及发展趋势 [J]. 中国商论，2023，(24)：40-43.

[21] 林琳，李巧辉. 短视频账号运营方法论 [J]. 新闻传播，2023，(21)：66-68.

[22] 林琳. 直播电商运营方法论——从“人货场”三要素出发 [J]. 经济研究导刊，2023，(22)：44-47.

[23] 林小兰，徐叶，回声，等. 微信与微博运营 [M]. 北京：清华大学出版社，2020.

[24] 刘爱菊. 微信公众号营销软文写作技巧初探 [J]. 出版参考，2019，(06)：57-58+61.

[25] 刘琛. 新媒体运营 [M]. 北京：电子工业出版社，2019.

[26] 刘旭明. 新媒体内容运营视角下的软文创意能力提升研究 [J]. 现代营销（下旬刊），2023，(11)：126.

[27] 章雁峰. “数商兴农”工程助力农村电商数字化发展 [J]. 价值工程，2022，41 (26)：166-168.

[28] 刘友芝. 新媒体运营 [M]. 北京：中国人民大学出版社，2018.

[29] 刘珍. 新媒体时代市场星报微博运营的路径与思考 [J]. 新闻世界，2023，(06)：22.

[30] 龙仙河. 农村电商高质量发展的风险挑战及对策研究 [J]. 物流科技，2024，47 (04)：100.

[31] 马可. 温县农户参与农村电商问题研究 [D]. 郑州：河南财经政法大学，

2023：25-36.

［32］马宇箫，迟雪华. 智能时代下短视频营销模式分析［J］. 营销界，2022，（13）：11-13.

［33］彭丞. 新媒体营销［M］. 重庆：重庆大学出版社，2022.

［34］邱逸. 新媒体运营策划创新研究［J］. 经济师，2024，（01）：149-151.

［35］尚小税. 数字乡村背景下河南省农村电商可持续发展策略研究［J］. 广东蚕业，2023，57（12）：132-135.

［36］申艺璇. 艺术类短视频的运营优化策略研究［J］. 新楚文化，2023，（16）：68-71.

［37］石唯坚. 提升优势借力发展——新媒体环境下地方媒体竞争对策［J］. 记者摇篮，2023，（09）：81.

［38］孙林. 新媒体平台下粉丝运营方法研究——以新浪摄影类微博为例［J］. 东南传播，2021，（09）：111-113.

［39］孙宇. 新媒体时代编辑如何对图文结合类图书进行美学创造［J］. 新闻研究导刊，2022，13（15）：224-226.

［40］谭前进，郭城，李强，等. 新媒体运营的理论与实操［M］. 南京：东南大学出版社，2018.

［41］谭伟职. “裂变传播”视境下短视频创作人才培养的实践探索——以广西艺术学院为例［J］. 新闻研究导刊，2024，15（04）：10.

［42］田晓迪. 新京报微信矩阵研究［D］. 保定：河北大学，2020：48-56.

［43］王凯荣. 传统媒体微信公众号运营策略分析［J］. 中国报业，2021，（13）：94-95.

［44］王丽洁. 基于微博平台的超话社区运营探析［J］. 视听，2021，（11）：128.

［45］郑仕晟. 基于数字化赋能视角的农村电商价值创造过程研究［D］. 武汉：华中师范大学，2021：19-38.

［46］王亚宏，张春燕. 新媒体对外传播内容制作［M］. 上海：复旦大学出版社，2020.

［47］王芸虹. 人民日报微信传播矩阵研究［D］. 湘潭：湘潭大学，2018：46-58.

[48] 吴芳. 传统媒体微信公众号运营策略 [J]. 西部广播电视，2023，44 (22)：94-97.

[49] 吴科. 新媒体运营实务 [M]. 长沙：湖南人民出版社，2019.

[50] 吴臻，俞雅琴. 新媒体运营 [M]. 武汉：武汉理工大学出版社，2019.

[51] 夏晶，俞博文. 基于"短视频+电商"的营销模式分析 [J]. 中国管理信息化，2023，26 (19)：92-95.

[52] 向登付. 新媒体运营与营销实操手册 [M]. 北京：中国商业出版社，2019.

[53] 向上. 短视频营销全攻略 [M]. 广州：广东经济出版社，2019.

[54] 肖凭. 新媒体运营 [M]. 北京：中国人民大学出版社，2020.

[55] 徐佳琦. 传统电商企业的直播电商运营策略研究——以 KQ 公司为例 [J]. 现代营销 (下旬刊)，2023，(12)：113.

[56] 徐岚，张京蒲，盛宗玲. 新媒体营销 [M]. 广州：广东高等教育出版社，2023.

[57] 颜小玉，方贵仁，杨怡文. 新媒体运营 [M]. 哈尔滨：哈尔滨工业大学出版社，2022.

[58] 杨帆. 浅析定位策略在新媒体运营中的运用 [J]. 中外企业家，2020，(11)：236-237.

[59] 杨鸿. 农村直播电商场景化运营实战研究 [J]. 中国果树，2023，(09)：149.

[60] 张鹏. L 农业公司数字化营销策略研究 [D]. 桂林：桂林理工大学，2022：27-48.

[61] 易佳欣. 直播带货供应链运营策略与合作模式研究 [D]. 成都：电子科技大学，2023：19-38.

[62] 尹培培. 浅析移动互联网环境下广电新媒体矩阵建设 [J]. 西部广播电视，2023，44 (20)：31.

[63] 虞珊珊，张琴，王晓洁. 钱江晚报微博运营的三大"流量密码" [J]. 传媒评论，2022，(02)：45-46.

[64] 张大成，高峰原，牛晨雨. 中小企业直播带货运营现状与对策分析 [J]. 中小企业管理与科技，2023，(06)：124-126.